# 바로 내 사주

# 김찬동 金讚東

· 1950년 경북 달성 출생, 장로교신학대학교 졸업
· 한국추명학회 정회원 · 광진구 지부장, 한국역술학회 정회원
· 추명학 연구와 동양철학 학술연구로 감사패와 표창장을 여러 차례 받음
· 수년간 성경 · 불경 · 논어 · 명리학 연구
· 현재 역산철학원 원장
　일본의 동경 · 경도 등을 여행하며 일본풍수학 연구 중

저서에는 『역산성명학』(삼한), 『이렇게 하면 좋은 운이 온다』(삼한), 『역산비결』(삼한), 『복을 부르는 방법』(삼한), 『운을 잡으세요』(삼한), 『적천수 정설』(삼한), 『궁통보감 정설』(삼한), 『연해자평 정설』(삼한), 『바로 내 사주』(삼한), 『명리정설』(정음), 『팔자고치는 법』(미래문화사), 『나도 돈 벌 수 있다』(생각하는백성), 『사주운명학의 정설』(명문당), 『운명으로 본 인생』(명문당) 등이 있다.

**전화 02)455-3204 | 010-7292-3207**

## 바로 내 사주

1판 1쇄 인쇄일 | 2013년 6월 6일
1판 1쇄 발행일 | 2013년 6월 16일

발행처 | 삼한출판사
발행인 | 김충호
지은이 | 김찬동

신고년월일 | 1975년 10월 18일
신고번호 | 제305-1975-000001호

411-776 경기도 고양시 일산서구 일산동 1654번지
산들마을 304동 2001호

대표전화 (031) 921-0441
팩시밀리 (031) 925-2647

값 20,000원
ISBN 978-89-7460-166-9 03180

신비한 동양철학 · 106

# 바로 내 사주

김찬동 편저

삼한

역학이란 본래 어려운 학문이다. 수십 년을 공부해도 터득하기 어려운 학문이라 많은 사람이 중간에 포기하는 일이 많다. 기존의 당사주 책도 수백 년 동안 그 명맥을 유지해왔으나 적중률이 매우 낮아 일반인들에게 신뢰를 많이 받지 못했다. 그래서 지금까지 30여 년 동안 공부하며 터득한 비법을 토대로 이 책을 내게 되었다.

현장에서 많은 사람의 운명을 대하면서 사람의 운명은 대개 태어난 달인 월지(月支)를 중심으로 좌우되는 것을 많이 보았다. 그래서 이 책에서는 월지(月支)를 중심으로 운명을 풀어보았다. 10년 전에 『이렇게 하면 좋은 운이 온다』를 출간한 후 좋은 평가를 받은 것이 기초가 되어 그 후편에 해당하는 내용으로 엮어본 것이다.

경제적으로 어려운 시기를 겪으며 고통받는 사람들을 보면서 운명을 아는 사람으로서 도움을 줄 수 없을까 하는 생각을 하게 되었다. 물론 어느 역학책도 백 퍼센트 정확하다고 장담할 수는 없다. 이 책도 백 퍼센트 적중률을 목표로 했으나 적어도 80% 이상은 적중할 것이라고 자부한다.

이 책을 통해 자신의 선천적인 운명을 알고 후천적인 노력으로 부족한 부분을 보완해 나간다면 행복한 인생을 만들어 갈 수 있을 것이라고 생각한다. 아무튼 이 작은 책을 통해 어려움에서 벗어나 행복한 길을 찾는 분들이 많아지기를 바란다.

역산 김찬동

## 제1장. 선천운(先天運) — 19

## 제2장 후천운(後天運) ― 129

## 제3장 각종 신살(神殺) ― 205

# 제1장. 선천운(先天運)

　사람의 운명은 선천적인 사주팔자에 의한 것인가, 아니면 후천적인 노력에 의한 것인가에 대한 이론은 항상 분분하다. 저자는 하늘이 정해준 선천운과 자신의 노력인 후천운이 합쳐져 결정된다고 생각한다.

　운명은 항상 살아 움직이면서 많은 변화를 일으키기 때문에 염력(念力)이 약한 사람은 운명의 지배를 받으며 고통스러워 하나 염력이 강한 사람은 자신의 의지로 운명을 지배하며 영광과 행복을 찾는다.

　지피지기(知彼知己)이면 백전백승(百戰百勝)이라는 말이 있듯이 자신의 선천운을 알면 자신의 능력을 더 많이 발휘해 더 성공할 수 있을 것이다. 그러니 먼저 자신의 선천운을 잘 안 다음 거기에 맞게 노력한다면 얼마든지 행복하고 의미있게 살 수 있을 것이다.

# 1. 초년운

초년운은 1세~20세까지의 운을 말하는데, 생월(生月)을 기준으로 생년(生年)을 대조해서 본다. 예를 들어 1월생인데 뱀띠인 사(巳)년에 태어났다면 년천역성(年天驛星)에 해당하고, 2월생인데 원숭이띠인 신(申)년에 태어났다면 년천복성(年天福星)에 해당한다.

그리고 초년에는 부모의 영향을 많이 받으므로 부모의 운도 함께 보아야 한다. 아무리 초년운이 불리해도 부모의 운이 좋으면 부모 덕으로 무난할 수 있고, 아무리 초년운이 좋아도 부모의 운이 좋지 않으면 부모가 여력이 없으니 지원을 받을 수 없기 때문이다.

## 1. 천역성(天驛星)

천역입명 초년분주(天驛入命 初年奔走)
초년역마 인학업주(初年驛馬 因學業走)
선쟁후화 인내최길(先爭後和 忍耐最吉)
초년평범 반길반흉(初年平凡 半吉半凶)
고진감래 근학최길(苦盡甘來 勤學最吉)

### 출생년과 띠

| 子 | 丑 | 寅 | 卯 | 辰 | 巳 | 午 | 未 | 申 | 酉 | 戌 | 亥 |
|---|---|---|---|---|---|---|---|---|---|---|---|
| 쥐 | 소 | 호랑이 | 토끼 | 용 | 뱀 | 말 | 양 | 원숭이 | 닭 | 개 | 돼지 |

# 초년운 도표

| 운<br>월 | 天驛 | 天文 | 天福 | 天貴 | 天權 | 天奸 | 天藝 | 天孤 | 天厄 | 天破 | 天刃 | 天壽 |
|---|---|---|---|---|---|---|---|---|---|---|---|---|
| 1 | 巳 | 午 | 未 | 申 | 酉 | 戌 | 亥 | 子 | 丑 | 寅 | 卯 | 辰 |
| 2 | 午 | 未 | 申 | 酉 | 戌 | 亥 | 子 | 丑 | 寅 | 卯 | 辰 | 巳 |
| 3 | 未 | 申 | 酉 | 戌 | 亥 | 子 | 丑 | 寅 | 卯 | 辰 | 巳 | 午 |
| 4 | 申 | 酉 | 戌 | 亥 | 子 | 丑 | 寅 | 卯 | 辰 | 巳 | 午 | 未 |
| 5 | 酉 | 戌 | 亥 | 子 | 丑 | 寅 | 卯 | 辰 | 巳 | 午 | 未 | 申 |
| 6 | 戌 | 亥 | 子 | 丑 | 寅 | 卯 | 辰 | 巳 | 午 | 未 | 申 | 酉 |
| 7 | 亥 | 子 | 丑 | 寅 | 卯 | 辰 | 巳 | 午 | 未 | 申 | 酉 | 戌 |
| 8 | 子 | 丑 | 寅 | 卯 | 辰 | 巳 | 午 | 未 | 申 | 酉 | 戌 | 亥 |
| 9 | 丑 | 寅 | 卯 | 辰 | 巳 | 午 | 未 | 申 | 酉 | 戌 | 亥 | 子 |
| 10 | 寅 | 卯 | 辰 | 巳 | 午 | 未 | 申 | 酉 | 戌 | 亥 | 子 | 丑 |
| 11 | 卯 | 辰 | 巳 | 午 | 未 | 申 | 酉 | 戌 | 亥 | 子 | 丑 | 寅 |
| 12 | 辰 | 巳 | 午 | 未 | 申 | 酉 | 戌 | 亥 | 子 | 丑 | 寅 | 卯 |

초년화순 대체평안(初年和順 大體平安)

년에 천역성이 임했으니 이유없이 분주할 것이다.
역마가 임한 것이니 학업문제로 바쁠 것이다.
먼저는 다투나 나중에는 화합하니 참고 또 참아라.
초년운은 평범하니 절반은 길하고 절반은 흉하다.
고생 끝에 낙이 오는 법이니 열심히 공부하라.
초년에는 대체로 사람들과 화합하며 순조롭고 평안하다.

## 2. 천문성(天文星)

천문입명 초년학문(天文入命 初年學文)
초년호학 문장성공(初年好學 文章成功)
화다쟁소 희장비단(和多爭少 喜長悲短)
우인화락 익우만당(友人和樂 益友滿堂)
초년동심 이심전심(初年同心 以心傳心)
다길소흉 학문원성(多吉少凶 學文圓成)

년에 천문성이 임했으니 학문이 따를 것이다.
학문을 좋아하며 문장으로 성공할 수 있다.
약간의 다툼이 있으나 화합이 잘 되니 기쁨은 길고 슬픔은 짧다.
친구들과 화합을 잘 하니 좋은 친구가 많을 것이다.

또 친구들과 한마음으로 잘 통할 것이다.

길함은 많고 흉함은 적으며 학문이 순조로울 것이다.

## 3. 천복성(天福星)

천복입명 초년다복(天福入命 初年多福)

복성내림 오복구비(福星來臨 五福具備)

일심평안 일일행복(一心平安 日日幸福)

초년상생 학문발전(初年相生 學文發展)

상신상의 제사순성(相信相依 諸事順成)

초년대길 오복자래(初年大吉 五福自來)


년에 천복성이 임했으니 복이 많을 것이다.

천복성이 임한 것이니 오복이 모두 따른다.

마음이 평안하며 날마다 행복할 것이다.

초년은 상생하는 운이니 학문이 발전할 것이다.

친구들과 서로 믿고 의지하며 모든 일이 순조울 것이다.

초년운은 매우 좋으니 오복이 저절로 들어온다.


## 4. 천귀성(天貴星)

천귀입명 초년봉귀(天貴入命 初年逢貴)

귀성내림 오복구비(貴星來臨 五福具備)

상부상조 만사형통(相扶相助 萬事亨通)

초년대길 부귀영화(初年大吉 富貴榮華)

상부상조 최길초년(相扶相助 最吉初年)

만사형통 재관구비(萬事亨通 財官具備)


년에 천귀성이 임했으니 귀인을 만날 것이다.

귀인의 별이 임했으니 오복이 모두 따른다.

상부상조하며 만사가 형통하리라.

초년은 대길한 운이니 부귀영화를 누릴 수 있다.

상부상조하는 운으로 매우 길하다.

만사가 형통하며 재관을 모두 갖춘다.


## 5. 천권성(天權星)


천권입명 초년득권(天權入命 初年得權)

권운내림 관직출세(權運來臨 官職出世)

관운충만 출세승진(官運充滿 出世昇進)

초년만족 마장불침(初年滿足 魔障不侵)

귀인동주 공동운명(貴人同舟 共同運命)

상부상조 만인앙시(相扶相助 萬人仰視)

년에 천권성이 임했으니 권세를 잡을 것이다.

권운이 임한 것이니 관직으로 출세할 수 있다.

또 관운이 충만하니 출세와 승진이 따를 것이다.

초년에는 모든 면이 길하니 마장이 침범하지 못한다.

귀인과 한 배를 탄 형상이니 매우 길하다.

서로 돕고 힘이 되어 주니 만인의 부러움을 받으리라.


## 6. 천간성(天奸星)

천간입명 초년다지(天奸入命 初年多智)

다득소실 감소예방(多得少失 減少豫防)

다정화순 길중소흉(多情和順 吉中小凶)

학문유리 주색불리(學文有利 酒色不利)

다길소흉 길복초년(多吉少凶 吉福初年)

건도관대 곤덕양처(乾道寬大 坤德良妻)


년에 천간성이 임했으니 지혜가 많이 따를 것이다.

많이 얻으나 잃는 것도 있으니 미리 방지하는 것이 좋다.

다정하며 화순하고 길하나 흉함도 약간 있다.

학문을 하면 유리하나 주색을 좋아하면 불리해진다.

초년에는 길함이 많고 흉함은 적으니 대체로 길복이 많다.

남자는 관대하고 여자는 덕이 있어야 한다.

## 7. 천예성(天藝星)

천예입명 초년예인(天藝入命 初年藝人)

예성내림 풍류호예(藝星來臨 風流好藝)

점차대립 의견차이(漸次對立 意見差異)

초년반길 손재가외(初年半吉 損財可畏)

선쟁후화 인내최길(先爭後和 忍耐最吉)

결과응무 막원천명(結果應無 莫怨天命)


년에 천예성이 임했으니 예술에 재능이 있을 것이다.

예술의 별이 임했으니 풍류와 예술을 좋아할 것이다.

그러나 사람들과 점점 대립하며 갈등을 겪을 것이다.

초년운은 절반은 길하나 절반은 흉하니 재물을 잃을까 염려된다.

먼저는 다투나 나중에는 화합하니 참고 또 참아라.

결과가 좋지 않아도 하늘을 원망하지 말라.


## 8. 천고성(天孤星)

천고입명 초년고독(天孤入命 初年孤獨)

퇴성내림 가정풍파(退星來臨 家庭風波)

독수공방 고안독비(獨守空房 孤雁獨飛)

초년적막 야중비루(初年寂寞 夜中悲淚)

초년박연 노력요망(初年薄緣 努力要望)

환난상휼 흉운반감(患難相恤 凶運半減)

년에 천고성이 임했으니 고독할 것이다.

후퇴하는 별이 임했으니 가정에 풍파가 따른다.

독수공방하며 홀로 날아가는 기러기처럼 고독하리라.

적막하며 밤중에 홀로 눈물을 흘릴 것이다.

초년운은 길복이 희박하니 노력해야 한다.

어려움에 처하더라도 서로 도우면 흉운이 반감될 수 있다.

## 9. 천액성(天厄星)

천액입명 초년득병(天厄入命 初年得病)

투병생활 간호노고(鬪病生活 看護努苦)

초년상극 언행충돌(初年相剋 言行衝突)

전생원수 금생상봉(前生怨讐 今生相逢)

초년유인 양보최길(初年有忍 讓步最吉)

일심노력 차액반면(一心努力 此厄半免)

년에 천액성이 임했으니 병에 걸릴 것이다.

병과 싸우며 치료하느라 수고가 많을 것이다.

초년에는 상극하는 운이니 언행으로 인한 충돌을 조심하라.

전생의 원수를 금생에서 만난 형상이니 어찌하겠는가.

초년에는 인내하며 양보하는 것이 가장 좋다.

그러나 꾸준히 노력하면 액을 줄일 수 있으리라.

## 10. 천파성(天破星)

천파입명 초년파가(天破入命 初年破家)

초년상극 악연상봉(初年相剋 惡緣相逢)

원수상봉 낭패난면(怨讐相逢 狼狽難免)

전생악연 고도상봉(前生惡緣 孤道相逢)

백인내중 전화위복(百忍耐中 轉禍爲福)

극기복례 회복묘방(克己復禮 回復妙方)


년에 천파성이 임했으니 가정이 깨질 것이다.

초년에는 상극하는 운이니 악연을 만나리라.

원수를 만난 격이니 낭패를 면하기 어렵다.

전생의 악연을 외길에서 만난 형상이니 조심해야 한다.

그러나 참고 또 참으면 화가 복으로 변할 수 있다.

자신을 극복하며 예를 지키는 것이 묘책이다.

## 11. 천인성(天刃星)

천인입명 초년고전(天刃入命 初年苦戰)

고성침래 고난불리(苦星侵來 苦難不離)

초년인증 난친타인(初年人憎 難親他人)

업장불소 도중봉액(業障不消 途中逢厄)

대인관계 공경여빈(對人關係 恭敬如賓)

초년난세 은인자중(初年亂世 隱忍自重)


년에 천인성이 임했으니 고전할 것이다.

고통의 별이 임했으니 고난을 벗어나기 어려울 것이다.

초년에는 사람을 미워하며 가까이 지내기 어렵다.

업장이 아직 소멸되지 않았으니 재앙을 만나기 쉽다.

사람들을 손님 대하듯이 공경하라.

초년에는 어려운 시기이니 은인자중하라.


## 12. 천수성(天壽星)

천수입명 초년건강(天壽入命 初年健康)

회성내림 점차개운(回星來臨 漸次開運)

업장불소 연속적공(業障不消 連續積功)

지하전쟁 인내최길(地下戰爭 忍耐最吉)

고진감래 전화위복(苦盡甘來 轉禍爲福)
복지부동 만사형통(伏地不動 萬事亨通)

년에 천수성이 임했으니 건강할 것이다.
회복하는 별이 임했으니 운이 점점 좋아질 것이다.
그러나 아직 업장이 남아 있으니 공덕을 더 쌓아라.
항상 보이지 않는 갈등이 있으니 참는 것이 최선이다.
고생 끝에 낙이 오고 화가 복으로 변할 수 있으니 노력하라.
조용히 지내면 만사가 형통하리라.

## 2 청년운

청년운은 21세~40세까지의 운을 말하는데, 생년(生年)을 기준으로 생월(生月)을 대조해서 본다. 예를 들어 자(子)년생인데 4월에 태어났다면 월천역성(月天驛星)에 해당하고, 축(丑)년생인데 6월에 태어났다면 월천문성(月天文星)에 해당한다.
청년기는 결혼할 시기이므로 배우자의 운도 함께 보아야 한다. 설사 청년운이 불리해도 배우자의 운이 좋으면 배우자덕으로 무난할 수 있고, 청년운이 좋아도 배우자의 운이 나쁘면 배우자 때문에 어려움을 당할 수 있기 때문이다.

# 청년운 도표

| 운\년 | 天驛 | 天文 | 天福 | 天貴 | 天權 | 天奸 | 天藝 | 天孤 | 天厄 | 天破 | 天刃 | 天壽 |
|---|---|---|---|---|---|---|---|---|---|---|---|---|
| 子 | 4월 | 5월 | 6월 | 7월 | 8월 | 9월 | 10월 | 11월 | 12월 | 1월 | 2월 | 3월 |
| 丑 | 5월 | 6월 | 7월 | 8월 | 9월 | 10월 | 11월 | 12월 | 1월 | 2월 | 3월 | 4월 |
| 寅 | 6월 | 7월 | 8월 | 9월 | 10월 | 11월 | 12월 | 1월 | 2월 | 3월 | 4월 | 5월 |
| 卯 | 7월 | 8월 | 9월 | 10월 | 11월 | 12월 | 1월 | 2월 | 3월 | 4월 | 5월 | 6월 |
| 辰 | 8월 | 9월 | 10월 | 11월 | 12월 | 1월 | 2월 | 3월 | 4월 | 5월 | 6월 | 7월 |
| 巳 | 9월 | 10월 | 11월 | 12월 | 1월 | 2월 | 3월 | 4월 | 5월 | 6월 | 7월 | 8월 |
| 午 | 10월 | 11월 | 12월 | 1월 | 2월 | 3월 | 4월 | 5월 | 6월 | 7월 | 8월 | 9월 |
| 未 | 11월 | 12월 | 1월 | 2월 | 3월 | 4월 | 5월 | 6월 | 7월 | 8월 | 9월 | 10월 |
| 申 | 12월 | 1월 | 2월 | 3월 | 4월 | 5월 | 6월 | 7월 | 8월 | 9월 | 10월 | 11월 |
| 酉 | 1월 | 2월 | 3월 | 4월 | 5월 | 6월 | 7월 | 8월 | 9월 | 10월 | 11월 | 12월 |
| 戌 | 2월 | 3월 | 4월 | 5월 | 6월 | 7월 | 8월 | 9월 | 10월 | 11월 | 12월 | 1월 |
| 亥 | 3월 | 4월 | 5월 | 6월 | 7월 | 8월 | 9월 | 10월 | 11월 | 12월 | 1월 | 2월 |

## 1. 천역성(天驛星)

천역입명 청년역마(天驛入命 靑年驛馬)
청년역마 연애분주(靑年驛馬 戀愛奔走)
선쟁후화 인내최길(先爭後和 忍耐最吉)
청년평범 반길반흉(靑年平凡 半吉半凶)
고진감래 근면최길(苦盡甘來 勤勉最吉)
청년화순 대체평안(靑年和順 大體平安)

월에 천역성이 임했으니 공연히 분주할 것이다.
청년운에 역마가 임했으니 연애하느라 바쁠 것이다.
먼저는 다투나 나중에는 화합하니 참고 또 참아라.
청년운은 평범하니 절반은 길하고 절반은 흉하다.
고생 끝에 낙이 오는 법이니 열심히 노력하라.
화합하며 순조로우니 대체로 평안할 것이다.

## 2 천문성(天文星)

천문입명 청년학문(天文入命 靑年學問)
청년호학 만학성공(靑年好學 晩學成功)
화다쟁소 희장비단(和多爭少 喜長悲短)
부부화락 자녀만당(夫婦和樂 子女滿堂)

청년동심 이심전심(靑年同心 以心傳心)

다길소흉 사업원화(多吉少凶 事業圓和)

월에 천문성이 임했으니 학문이 잘 될 것이다.

학문을 좋아하니 학문으로 성공할 수 있다.

약간의 다툼이 있으나 화합이 잘 되니 기쁨은 길고 슬픔은 짧다.

부부가 화합하니 즐겁고 자녀를 많이 두리라.

한마음으로 서로 잘 통할 것이다.

길함은 많고 흉함은 적으며 하는 일이 원만하다.

## 3. 천복성(天福星)

천복입명 청년다복(天福入命 靑年多福)

복성내림 오복구비(福星來臨 五福具備)

일심평안 일일행복(一心平安 日日幸福)

청년상생 사업발전(靑年相生 事業發展)

상신상의 제사순성(相信相依 諸事順成)

청년대길 오복자래(靑年大吉 五福自來)

월에 천복성이 임했으니 복이 많이 따를 것이다.

복성이 임했으니 오복이 따를 것이다.

마음이 평안하며 날마다 행복하다.

청년운은 상생하는 운이니 하는 일이 발전한다.

서로 믿고 의지하니 모든 일이 순조로우리라.

청년운은 대길하며 오복이 저절로 들어올 것이다.


## 4. 천귀성(天貴星)


천귀입명 귀인상봉(天貴入命 貴人相逢)

귀성내림 오복구비(貴星來臨 五福具備)

상부상조 만사형통(相扶相助 萬事亨通)

청년대길 부귀영화(靑年大吉 富貴榮華)

상부상조 최길청년(相扶相助 最吉靑年)

만사형통 재관구비(萬事亨通 財官具備)


월에 천귀성이 임했으니 귀인을 만날 것이다.

귀인의 별이 임했으니 오복이 따른다.

사람들과 상부상조하며 만사가 형통하리라.

청년운은 대길한 운이니 부귀영화가 따른다.

사람들과 상부상조하며 매우 길하다.

만사가 형통하며 재물과 관직을 모두 갖춘다.

## 5. 천권성(天權星)

천권입명 청년득권(天權入命 靑年得權)

권운내림 관직출세(權運來臨 官職出世)

관운충만 출세승진(官運充滿 出世昇進)

청년만족 마장불침(靑年滿足 魔障不侵)

귀인동주 공동운명(貴人同舟 共同運命)

상부상조 만인앙시(相扶相助 萬人仰視)


월에 천권성이 임했으니 권세를 잡을 것이다.

권세의 별이 임했으니 관직에서 출세할 것이다.

또 관운이 충만하니 출세와 승진이 따를 것이다.

청년운은 모든 면에서 좋으니 마장이 침범하지 못한다.

귀인과 한 배를 탄 형상이니 매우 길하다.

서로 돕고 힘이 되어 주니 만인의 부러움을 받으리라.


## 6. 천간성(天奸星)

천간입명 총명다지(天奸入命 聰明多智)

다득소실 감소예방(多得少失 減少豫防)

다정화순 길중소흉(多情和順 吉中小凶)

사업유리 주색불리(事業有利 酒色不利)

다길소흉 길복청년(多吉少凶 吉福靑年)

건도관대 곤덕양처(乾道寬大 坤德良妻)

월에 천간성이 임했으니 총명함과 지혜가 따를 것이다.

얻는 것이 많으나 잃는 것도 있으니 미리 방지하는 것이 좋다.

다정하고 화순하며 길하나 흉함이 따를 수도 있다.

하는 일이 유리하나 주색을 조심하라.

청년운은 길함은 많고 흉함은 적으니 대체로 길복이 많을 것이다.

남자는 관대하고 여자의 덕이 있어야 한다.


## 7. 천예성(天藝星)

천예입명 예인인연(天藝入命 藝人因緣)

예성내림 풍류호예(藝星來臨 風流好藝)

점차대립 의견차이(漸次對立 意見差異)

청년반길 손재가외(靑年半吉 損財可畏)

선쟁후화 인내최길(先爭後和 忍耐最吉)

예술심취 불고가사(藝術深醉 不顧家事)


월에 천예성이 임했으니 예술과 인연이 있을 것이다.

예술의 별이 임했으니 풍류와 예술을 좋아할 것이다.

그러나 사람들과 점점 대립하며 갈등을 겪을 것이다.

청년운은 반은 길하고 반은 흉하니 재물손해가 따를 수 있다.

먼저는 다투나 나중에는 화합하니 참고 또 참아라.

예술에 깊이 빠져 가정을 돌보지 않을까 염려된다.


## 8. 천고성(天孤星)


천고입명 사고무친(天孤入命 四顧無親)

퇴성내림 가정풍파(退星來臨 家庭風波)

독수공방 고안독비(獨守空房 孤雁獨飛)

청년적막 야중비루(靑年寂寞 夜中悲淚)

청년박연 노력요망(靑年薄緣 努力要望)

환난상휼 흉운반감(患難相恤 凶運半減)


월에 천고성이 임했으니 사고무친이 되기 쉽다.

후퇴하는 별이 임했으니 가정에 풍파가 따를 것이다.

독수공방하며 홀로 날아가는 기러기처럼 고독하리라.

청년운이 적막하니 밤중에 홀로 눈물을 흘릴까 염려된다.

청년운은 길복이 약하니 열심히 노력해야 한다.

어려움에 처하더라도 서로 도우면 흉운이 반감될 수 있다.

## 9. 천액성(天厄星)

천액입명 청년득병(天厄入命 靑年得病)
투병생활 치료다고(鬪病生活 治療多苦)
청년상극 언행충돌(靑年相剋 言行衝突)
전생원수 금생상봉(前生怨讐 今生相逢)
청년유인 양보최길(靑年有忍 讓步最吉)
일심양보 차액반면(一心讓步 此厄半免)

월에 천액성이 임했으니 질병에 걸릴 것이다.
병과 싸우며 치료하느라 매우 고통스러울 것이다.
청년운은 상극하는 운이니 언행으로 인한 충돌을 조심하라.
전생의 원수를 금생에서 만난 형상이니 피할 수가 없구나.
인내하며 양보하는 것이 가장 좋다.
꾸준히 양보하면 액난을 반은 면할 수 있다.

## 10. 천파성(天破星)

천파입명 청년파가(天破入命 靑年破家)
청년상극 악연상봉(靑年相剋 惡緣相逢)
원수상봉 낭패난면(怨讐相逢 狼狽難免)
전생악연 고도상봉(前生惡緣 孤道相逢)

백인내중 전화위복(百忍耐中 轉禍爲福)

극기복례 회복묘방(克己復禮 回復妙方)


월에 천파성이 임했으니 가정이 깨질 것이다.

청년운은 상극하는 운이니 악연을 만나 고전하리라.

원수를 만난 격이니 낭패를 면하기 어렵다.

전생의 악연을 외나무 다리에서 만난 형상이다.

그러나 참고 또 참으면 화가 복으로 변할 수 있다.

자신을 극복하며 예를 지키는 것이 묘책이다.


## 11. 천인성(天刃星)


천인입명 청년고전(天刃入命 靑年苦戰)

고성침래 고난불리(苦星侵來 苦難不離)

청년인증 난친타인(靑年人憎 難親他人)

업장불소 도중봉액(業障不消 途中逢厄)

대인관계 공경여빈(對人關係 恭敬如賓)

청년난세 은인자중(靑年亂世 隱忍自重)


월에 천인성이 임했으니 고전할 것이다.

고통의 별이 침범했으니 고난이 떠나기 어렵다.

청년운에는 사람들을 미워하니 가까이 지내기 어렵다.

업장이 아직 소멸되지 않아 액을 만나는 것이다.

사람들을 손님 대하듯이 공경하라.

어려운 시기이니 은인자중하는 것이 가장 좋다.

## 12 천수성(天壽星)

천수입명 청년건강(天壽入命 青年健康)

회성내림 점차개운(回星來臨 漸次開運)

업장불소 연속적공(業障不消 連續積功)

지하전쟁 인내최길(地下戰爭 忍耐最吉)

고진감래 전화위복(苦盡甘來 轉禍爲福)

복지부동 만사형통(伏地不動 萬事亨通)


월에 천수성이 임했으니 건강이 따를 것이다.

회복하는 별이 임했으니 운이 점점 좋아질 것이다.

그러나 아직 업장이 남아 있으니 공덕을 더 쌓아라.

항상 보이지 않는 갈등이 있으니 참는 것이 최선이다.

고생 끝에 낙이 오고 화가 복으로 변할 수 있으니 노력하라.

조용히 지내면 만사가 형통하리라.

# 3. 중년운

중년운은 41세~60세까지의 운을 말하는데, 생월(生月)을 기준으로 생일(生日)을 대조해서 본다. 생일(生日)은 일진(日辰)을 말하는데, 일진(日辰)은 만세력을 보면 쉽게 알 수 있다. 예를 들어 3월 생인데 유(酉)일에 태어났다면 일천복성(日天福星)에 해당한다.

중년도 역시 배우자의 영향을 많이 받으므로 배우자의 운을 함께 보아야 한다. 그리고 중년은 인생에서 가장 중요한 시기이고, 중년운이 좋아야 성공할 수 있으므로 잘 알고 대처하는 것이 좋다.

## 1. 천역성(天驛星)

천역입명 중년역마(天驛入命 中年驛馬)
중년사업 동분서주(中年事業 東奔西走)
선쟁후화 인내최길(先爭後和 忍耐最吉)
중년평범 반길반흉(中年平凡 半吉半凶)
고진감래 인내최길(苦盡甘來 忍耐最吉)
중년화순 대체평안(中年和順 大體平安)

일에 천역성이 임했으니 분주할 것이다.
역마가 임했으니 동분서주할 것이다.
먼저는 다투나 나중에는 화합하니 참고 또 참아라.

# 중년운 도표

| 운<br>월 | 天驛 | 天文 | 天福 | 天貴 | 天權 | 天奸 | 天藝 | 天孤 | 天厄 | 天破 | 天刃 | 天壽 |
|---|---|---|---|---|---|---|---|---|---|---|---|---|
| 1 | 巳 | 午 | 未 | 申 | 酉 | 戌 | 亥 | 子 | 丑 | 寅 | 卯 | 辰 |
| 2 | 午 | 未 | 申 | 酉 | 戌 | 亥 | 子 | 丑 | 寅 | 卯 | 辰 | 巳 |
| 3 | 未 | 申 | 酉 | 戌 | 亥 | 子 | 丑 | 寅 | 卯 | 辰 | 巳 | 午 |
| 4 | 申 | 酉 | 戌 | 亥 | 子 | 丑 | 寅 | 卯 | 辰 | 巳 | 午 | 未 |
| 5 | 酉 | 戌 | 亥 | 子 | 丑 | 寅 | 卯 | 辰 | 巳 | 午 | 未 | 申 |
| 6 | 戌 | 亥 | 子 | 丑 | 寅 | 卯 | 辰 | 巳 | 午 | 未 | 申 | 酉 |
| 7 | 亥 | 子 | 丑 | 寅 | 卯 | 辰 | 巳 | 午 | 未 | 申 | 酉 | 戌 |
| 8 | 子 | 丑 | 寅 | 卯 | 辰 | 巳 | 午 | 未 | 申 | 酉 | 戌 | 亥 |
| 9 | 丑 | 寅 | 卯 | 辰 | 巳 | 午 | 未 | 申 | 酉 | 戌 | 亥 | 子 |
| 10 | 寅 | 卯 | 辰 | 巳 | 午 | 未 | 申 | 酉 | 戌 | 亥 | 子 | 丑 |
| 11 | 卯 | 辰 | 巳 | 午 | 未 | 申 | 酉 | 戌 | 亥 | 子 | 丑 | 寅 |
| 12 | 辰 | 巳 | 午 | 未 | 申 | 酉 | 戌 | 亥 | 子 | 丑 | 寅 | 卯 |

중년운은 평범한 운이니 반은 길하고 반은 흉하다.

고생 끝에 낙이 오는 법이니 참고 또 참아라.

중년은 화합하며 순조로우니 대체로 평안하다.

## 2 천문성(天文星)

천문입명 중년학문(天文入命 中年學問)

중년호학 만학성공(中年好學 晩學成功)

화다쟁소 희장비단(和多爭少 喜長悲短)

부부화락 희락만당(夫婦和樂 喜樂滿堂)

중년동심 이심전심(中年同心 以心傳心)

다길소흉 사업원화(多吉少凶 事業圓和)


일에 천문성이 임했으니 학문이 따를 것이다.

중년에 학문을 좋아하니 늦게 학문으로 성공한다.

약간의 다툼이 있으나 화합이 잘 되니 기쁨은 길고 슬픔은 짧다.

부부가 화합하며 즐거우니 행복이 가득하다.

중년에는 한마음이 되어 다른 사람들과 잘 통할 것이다.

길함은 많고 흉함은 적으니 하는 일이 원만하리라.

## 3. 천복성(天福星)

천복입명 중년다복(天福入命 中年多福)

복성내림 오복구비(福星來臨 五福具備)

일심평안 일일행복(一心平安 日日幸福)

중년상생 사업화합(中年相生 事業和合)

상신상의 제사순성(相信相依 諸事順成)

중년대길 오복자래(中年大吉 五福自來)

일에 천복성이 임했으니 복이 많이 따를 것이다.

천복성이 임했으니 오복을 모두 갖출 것이다.

한마음으로 평안하니 날마다 행복하리라.

중년은 상생하는 운이니 하는 일이 발전할 것이다.

사람들과 서로 믿고 의지하니 모든 일이 순조롭다.

중년은 대길한 운이니 오복이 저절로 들어오리라.

## 4. 천귀성(天貴星)

천귀입명 중년귀인(天貴入命 中年貴人)

귀성내림 오복구비(貴星來臨 五福具備)

상부상조 만사형통(相扶相助 萬事亨通)

중년대길 부귀영화(中年大吉 富貴榮華)

상부상조 최길중년(相扶相助 最吉中年)

만사형통 재관구비(萬事亨通 財官具備)

일에 천귀성이 임했으니 귀인을 만날 것이다.

귀인이 임했으니 오복을 모두 구비할 것이다.

사람들과 상부상조하는 운이니 만사가 형통하리라.

중년은 대길한 운이니 부귀영화를 누린다.

중년에는 사람들과 서로 도우니 아주 길하다.

만사가 형통하며 재물과 관직을 모두 얻을 것이다.

## 5. 천권성(天權星)

천권입명 중년득권(天權入命 中年得權)

권운내림 고관출세(權運來臨 高官出世)

관운충만 출세승진(官運充滿 出世昇進)

중년만족 마장불침(中年滿足 魔障不侵)

귀인동주 공동출세(貴人同舟 共同出世)

상부상조 만인앙시(相扶相助 萬人仰視)

일에 천권성이 임했으니 권세를 얻을 것이다.

권세의 별이 임했으니 높이 자리에 오르며 출세하리라.

또 관운이 충만하니 출세와 승진이 따를 것이다.

중년에는 모든 면에 만족하니 마장이 침범하지 못한다.

귀인과 같은 배를 탄 형상이니 매우 대길하다.

서로 돕고 힘이 되어 주니 만인의 부러움을 받으리라.

## 6. 천간성(天奸星)

천간입명 중년다지(天奸入命 中年多智)

다득소실 감소예방(多得少失 減少豫防)

다정화순 길중소흉(多情和順 吉中小凶)

사업유리 주색불리(事業有利 酒色不利)

다길소흉 길복중년(多吉少凶 吉福中年)

건도관대 곤덕양처(乾道寬大 坤德良妻)


일에 천간성이 임했으니 지혜가 많이 따를 것이다.

얻는 것이 많으나 잃는 것도 있으니 미리 방지하는 것이 좋다.

다정하고 화순하며 길하나 흉함이 따를 수도 있다.

하는 일이 유리하나 주색을 조심하라.

중년은 길함은 많고 흉함은 적으니 대체로 길복이 많으리라.

남자는 관대하고 여자는 덕이 있어야 한다.

## 7. 천예성(天藝星)

천예입명 중년예인(天藝入命 中年藝人)
예성내림 풍류호예(藝星來臨 風流好藝)
점차대립 의견차이(漸次對立 意見差異)
중년반길 손재가외(中年半吉 損財可畏)
선쟁후화 인내최길(先爭後和 忍耐最吉)
결과응무 막원천명(結果應無 莫怨天命)

일에 천예성이 임했으니 예술과 인연이 있을 것이다.
예술의 별이 임했으니 풍류와 예술을 좋아할 것이다.
그러나 사람들과 점점 대립하며 갈등을 겪을 것이다.
중년은 반만 길한 운이니 재물을 잃을까 염려된다.
먼저는 다투나 나중에는 화합하니 참고 또 참아라.
결과가 좋지 않아도 하늘을 원망하지 말라.

## 8. 천고성(天孤星)

천고입명 중년고독(天孤入命 中年孤獨)
퇴성내림 가정풍파(退星來臨 家庭風波)
독수공방 고안독비(獨守空房 孤雁獨飛)
중년적막 야중비(中年寂寞 夜中悲淚)

중년박연 노력요망(中年薄緣 努力要望)

환난상휼 흉운반감(患難相恤 凶運半減)

일에 천고성이 임했으니 고독할 것이다.

후퇴하는 별이 임했으니 가정에 풍파가 따를 수 있다.

독수공방하며 홀로 날아가는 기러기처럼 고독할 것이다.

적막한 밤중에 홀로 눈물을 흘릴까 염려된다.

중년은 길복이 희박한 운이니 열심히 노력해야 한다.

어려움에 처하더라도 서로 도우면 흉운이 반감될 수 있다.

## 9. 천액성(天厄星)

천액입명 중년득병(天厄入命 中年得病)

투병생활 간호노고(鬪病生活 看護努苦)

중년상극 언행충돌(中年相剋 言行衝突)

전생원수 금생상봉(前生怨讐 今生相逢)

중년유인 양보최길(中年有忍 讓步最吉)

일심인내 차액반면(一心忍耐 此厄半免)

일에 천액성이 임했으니 병에 걸릴 것이다.

병과 싸우며 치료하느라 수고가 많을 것이다.

중년은 상극하는 운이니 언행을 조심하라.

전생의 원수를 금생에서 만난 형상이니 어찌하겠는가.

중년에는 인내하며 양보하는 것이 가장 좋다.

꾸준히 인내하면 액난을 절반은 면할 수 있으리라.


## 10. 천파성(天破星)

천파입명 중년파가(天破入命 中年破家)

중년상극 악연상봉(中年相剋 惡緣相逢)

원수상봉 낭패난면(怨讐相逢 狼狽難免)

전생악연 고도상봉(前生惡緣 孤道相逢)

백인내중 전화위복(百忍耐中 轉禍爲福)

극기복례 회복묘방(克己復禮 回復妙方)


일에 천파성이 임했으니 가정이 깨질 것이다.

중년은 상극하는 운이니 악연을 만날 수 있다.

원수를 만난 격이니 낭패를 면하기 어렵다.

전생의 원수를 외나무 다리에서 만난 형상이다.

그러나 참고 또 참으면 화가 복으로 변할 수 있다.

자신을 극복하며 예를 지키는 것이 회복하는 방법이다.

## 11. 천인성(天刃星)

천인입명 중년고전(天刃入命 中年苦戰)

고성침래 고난불리(苦星侵來 苦難不離)

아신증인 난친타인(我身憎人 難親他人)

업장불소 도중봉액(業障不消 途中逢厄)

대인관계 공경여빈(對人關係 恭敬如賓)

중년난세 은인자중(中年亂世 隱忍自重)


일에 천인성이 임했으니 고전할 것이다.

고통의 별이 침범했으니 고난을 면하기 어렵다.

자신을 증오하며 다른 사람들을 멀리할 것이다.

업장이 아직 남아 있으니 재앙을 만나는 것이다.

사람들을 손님 대하듯이 공경하라.

중년은 어려운 시기이니 은인자중하는 것이 좋다.


## 12. 천수성(天壽星)

천수입명 중년장수(天壽入命 中年長壽)

회성내림 점차개운(回星來臨 漸次開運)

업장불소 연속적공(業障不消 連續積功)

지하전쟁 인내최길(地下戰爭 忍耐最吉)

고진감래 전화위복(苦盡甘來 轉禍爲福)
복지부동 만사형통(伏地不動 萬事亨通)

일에 천수성이 임했으니 수명이 따를 것이다.
회복하는 별이 임했으니 운이 점점 좋아질 것이다.
그러나 아직 업장이 남아 있으니 공덕을 더 쌓아라.
항상 보이지 않는 갈등이 있으니 참는 것이 최선이다.
고생 끝에 낙이 오고 화가 복으로 변할 수 있으니 노력하라.
조용히 지내면 만사가 형통하리라.

## 4. 말년운

　말년운은 61세부터 사망할 때까지의 운을 말하는데, 생월(生月)을 기준으로 생시(出生時)를 대조해서 본다. 예를 들어 1월생인데 인(寅)시에 태어났으면 시천파성(時天破星)에 해당한다.
　말년은 인생을 마무리하는 시기로 그동안 살면서 잘못한 것을 반성하면서 서서히 죽음을 준비해야 한다. 잘 사는 것도 중요하지만 잘 죽어야 다음 세상에서 좋은 곳에 태어날 수 있기 때문이다.
　그리고 말년은 자녀운의 영향을 많으므로 자녀의 운도 같이 보아야 한다. 설사 말년운이 나쁘더라도 자녀의 운이 좋으면 자녀덕으로 무난할 수 있고, 말년운이 좋아도 자녀의 운이 나쁘면 자녀 때문에 어려워질 수 있기 때문이다.

# 말년운 도표

| 운 월 | 天驛 | 天文 | 天福 | 天貴 | 天權 | 天奸 | 天藝 | 天孤 | 天厄 | 天破 | 天刃 | 天壽 |
|---|---|---|---|---|---|---|---|---|---|---|---|---|
| 1 | 巳 | 午 | 未 | 申 | 酉 | 戌 | 亥 | 子 | 丑 | 寅 | 卯 | 辰 |
| 2 | 午 | 未 | 申 | 酉 | 戌 | 亥 | 子 | 丑 | 寅 | 卯 | 辰 | 巳 |
| 3 | 未 | 申 | 酉 | 戌 | 亥 | 子 | 丑 | 寅 | 卯 | 辰 | 巳 | 午 |
| 4 | 申 | 酉 | 戌 | 亥 | 子 | 丑 | 寅 | 卯 | 辰 | 巳 | 午 | 未 |
| 5 | 酉 | 戌 | 亥 | 子 | 丑 | 寅 | 卯 | 辰 | 巳 | 午 | 未 | 申 |
| 6 | 戌 | 亥 | 子 | 丑 | 寅 | 卯 | 辰 | 巳 | 午 | 未 | 申 | 酉 |
| 7 | 亥 | 子 | 丑 | 寅 | 卯 | 辰 | 巳 | 午 | 未 | 申 | 酉 | 戌 |
| 8 | 子 | 丑 | 寅 | 卯 | 辰 | 巳 | 午 | 未 | 申 | 酉 | 戌 | 亥 |
| 9 | 丑 | 寅 | 卯 | 辰 | 巳 | 午 | 未 | 申 | 酉 | 戌 | 亥 | 子 |
| 10 | 寅 | 卯 | 辰 | 巳 | 午 | 未 | 申 | 酉 | 戌 | 亥 | 子 | 丑 |
| 11 | 卯 | 辰 | 巳 | 午 | 未 | 申 | 酉 | 戌 | 亥 | 子 | 丑 | 寅 |
| 12 | 辰 | 巳 | 午 | 未 | 申 | 酉 | 戌 | 亥 | 子 | 丑 | 寅 | 卯 |

## 출생시 도표

| 子時 | 丑時 | 寅時 | 卯時 | 辰時 | 巳時 | 午時 | 未時 | 申時 | 酉時 | 戌時 | 亥時 |
|------|------|------|------|------|------|------|------|------|------|------|------|
| 23~01 | 01~03 | 03~05 | 05~07 | 07~09 | 09~11 | 11~13 | 13~15 | 15~17 | 17~19 | 19~21 | 21~23 |

## 1. 천역성(天驛星)

천역입명 말년역마(天驛入命 末年驛馬)

말년무익 동분서주(末年無益 東奔西走)

선쟁후화 인내최길(先爭後和 忍耐最吉)

말년평범 반길반흉(末年平凡 半吉半凶)

고진감래 자중최길(苦盡甘來 子中最吉)

말년화순 대체평안(末年和順 大體平安)


시에 천역성이 임했으니 분주할 것이다.

역마가 임했으니 이익없이 동분서주하며 살아갈 것이다.

먼저는 다투나 나중에는 화합하니 참고 또 참아라.

말년운은 평범하니 절반은 길하고 절반은 흉하다.

그러나 고생 끝에 낙이 오는 법이니 자중하고 또 자중하라.

말년은 화합하며 순조로우니 대체로 평안하다.

## 2. 천문성(天文星)

천문입명 말년만학(天文入命 末年晩學)

말년호학 문장성공(末年好學 文章成功)

화다쟁소 희장비단(和多爭少 喜長悲短)

자녀화락 희락만당(子女和樂 喜樂滿堂)

영생준비 안심입명(永生準備 安心立命)

다길소흉 경험원화(多吉少凶 經驗圓和)


시에 천문성이 임했으니 학문이 따를 것이다.

말년에 학문을 좋아하며 문장으로 성공할 수 있다.

약간의 다툼이 있으나 화합이 잘 되니 기쁨은 길고 슬픔은 짧다.

자녀와 화목하며 즐거우니 날마다 행복하다.

사후준비를 잘 하면서 지내면 편안할 것이다.

길함은 많고 흉함은 적으며 경험이 풍부하니 원만할 것이다.


## 3. 천복성(天福星)

천복입명 말년다복(天福入命 末年多福)

복성내림 오복구비(福星來臨 五福具備)

일심평안 일일행복(一心平安 日日幸福)

말년상생 대인화합(末年相生 對人和合)

상신상의 제사순성(相信相依 諸事順成)

말년대길 오복자래(末年大吉 五福自來)

시에 천복성이 임했으니 복이 많이 따를 것이다.

천복성이 임했으니 오복을 모두 갖출 것이다.

마음이 평안하며 날마다 행복하리라.

말년은 상생하는 운이니 사람들과 잘 지낼 것이다.

사람들과 서로 믿고 의지하니 만사가 순조롭다.

말년은 대길한 운이니 오복이 저절로 들어오리라.

## 4. 천귀성(天貴星)

천귀입명 말년봉귀(天貴入命 末年逢貴)

귀성내림 오복구비(貴星來臨 五福具備)

상부상조 만사형통(相扶相助 萬事亨通)

말년대길 부귀영화(末年大吉 富貴榮華)

상부상조 최길말년(相扶相助 最吉末年)

만사형통 재관구비(萬事亨通 財官具備)

시에 천귀성이 임했으니 귀인을 만날 것이다.

귀인의 별이 임했으니 오복을 모두 갖출 것이다.

사람들과 상부상조하니 만사가 형통하리라.

말년은 대길하며 부귀영화를 누릴 것이다.

말년은 대길한 운으로 사람들과 상부상조한다.

만사가 형통하며 재물과 관직을 모두 갖춘다.


## 5. 천권성(天權星)


천권입명 말년득권(天權入命 末年得權)

권운내림 고관출세(權運來臨 高官出世)

관운충만 출세승진(官運充滿 出世昇進)

말년만족 마장불침(末年滿足 魔障不侵)

귀인내조 만사형통(貴人來助 萬事亨通)

상부상조 만인앙시(相扶相助 萬人仰視)


시에 천권성이 임했으니 권세를 잡을 것이다.

권세의 별이 임했으니 높이 자리에 오르며 출세하리라.

또 관운이 충만하니 출세와 승진이 따를 것이다.

말년에는 모든 면에서 만족하니 마장이 침범하지 못한다.

귀인이 찾아와 도와주니 만사가 형통하리라.

서로 돕고 힘이 되어 주니 만인의 부러움을 받으리라.

## 6. 천간성(天奸星)

천간입명 말년다지(天奸入命 末年多智)
다득소실 감소예방(多得少失 減少豫防)
다정화순 길중소흉(多情和順 吉中小凶)
수양유리 주색불리(修養有利 酒色不利)
다길소흉 길복말년(多吉少凶 吉福末年)
전생업장 금생응보(前生業障 今生應報)

시에 천간성이 임했으니 지혜가 많이 따를 것이다.
얻는 것이 많으나 잃는 것도 있으니 미리 방지하는 것이 좋다.
다정하고 화순하며 길하나 흉함이 따를 수도 있다.
마음을 수양하면 유리하나 주색은 불리하다.
길함은 많고 흉함은 적으니 대체로 길복을 많이 누리리라.
전생의 업장을 금생에서 받는 것이다.

## 7. 천예성(天藝星)

천예입명 말년예인(天藝入命 末年藝人)
예성내림 풍류호예(藝星來臨 風流好藝)
점차대립 의견차이(漸次對立 意見差異)
말년반길 망령가외(末年半吉 妄靈可畏)

선쟁후화 인내최길(先爭後和 忍耐最吉)

금생업장 내생응보(今生業障 來生應報)

시에 천예성이 임했으니 예술과 인연이 있을 것이다.

예술의 별이 임했으니 풍류와 예술을 좋아할 것이다.

그러나 사람들과 점점 대립하며 갈등을 겪을 것이다.

말년은 반만 길한 운이니 망령을 부릴까 염려된다.

처음에는 다투나 나중에는 화합하니 참고 또 참아라.

금생의 업장은 내생의 응보를 받는 것이다.

## 8. 천고성(天孤星)

천고입명 말년고독(天孤入命 末年孤獨)

퇴성내림 가정풍파(退星來臨 家庭風波)

독수공방 고안독비(獨守空房 孤雁獨飛)

말년적막 야중비루(末年寂寞 夜中悲淚)

말년박연 수양요망(末年薄緣 修養要望)

여생불장 불고가사(餘生不長 不顧家事)

시에 천고성이 임했으니 고독할 것이다.

후퇴하는 별이 임했으니 가정에 풍파가 따를 수 있다.

독수공방하며 홀로 날아가는 기러기처럼 고독하리라.

적막한 밤중에 슬퍼하며 눈물을 흘릴까 염려된다.

말년운은 길복이 희박하니 심신을 수양하라.

이제 얼마 남지 않았으니 사생활에서 벗어나라.

## 9. 천액성(天厄星)

천액입명 말년득병(天厄入命 末年得病)

투병생활 간호노고(鬪病生活 看護努苦)

말년상극 언행충돌(末年相剋 言行衝突)

전생원수 말년상봉(前生怨讐 末年相逢)

말년유인 양보최길(末年有忍 讓步最吉)

일심수양 차액반면(一心修養 此厄半免)


시에 천액성이 임했으니 병에 걸릴 것이다.

병과 싸우며 치료하느라 수고가 많을 것이다.

말년은 상극하는 운이니 언행을 조심하라.

전생의 원수를 말년에 만난 형상이다.

말년에는 인내하며 양보하는 마음을 갖는 것이 가장 좋다.

그러나 꾸준히 수양하면 액난을 줄일 수 있다.

## 10. 천파성(天破星)

천파입명 말년파가(天破入命 末年破家)

말년상극 악연상봉(末年相剋 惡緣相逢)

원수상봉 고전난면(怨讐相逢 苦戰難免)

전생악연 말년상봉(前生惡緣 末年相逢)

백인내중 전화위복(百忍耐中 轉禍爲福)

극기복례 유종지미(克己復禮 有終之美)


시에 천파성이 임했으니 가정이 깨질 것이다.

말년은 상극하는 운이니 악연을 만나는 것이다.

원수를 만난 격이니 고전을 면하기 어렵다.

전생의 악연을 말년에 만난 형상이다.

그러나 참고 또 참으면 화가 복으로 변할 수 있으니 노력하라.

자신을 극복하고 예를 지키면 유종의 미를 거둘 수 있다.


## 11. 천인성(天刃星)

천인입명 말년고전(天刃入命 末年苦戰)

고성침래 고난불리(苦星侵來 苦難不離)

말년무덕 난친타인(末年無德 難親他人)

업장불소 말년봉액(業障不消 末年逢厄)

군자자책 소인타책(君子自責 小人他責)

말년난세 은인자중(末年亂世 隱忍自重)

시에 천인성이 임했으니 고전할 것이다.

고통의 별이 침범했으니 고난이 떠나기 어렵다.

말년에는 덕이 없으니 사람들과 가까이 지내기 어렵다.

업장이 아직 남아 있어 말년까지 액을 겪는 것이다.

군자는 자신을 책망하고 소인은 남을 책망하는 법이다.

말년은 어려운 시기이니 은인자중하라.

## 12. 천수성(天壽星)

천수입명 말년장수(天壽入命 末年長壽)

회성내림 점차개운(回星來臨 漸次開運)

업장불소 연속적공(業障不消 連續積功)

지하전쟁 인내최길(地下戰爭 忍耐最吉)

고진감래 전화위복(苦盡甘來 轉禍爲福)

복지부동 만사형통(伏地不動 萬事亨通)

시에 천수성이 임했으니 장수할 것이다.

회복하는 별이 임했으니 운이 점점 좋아질 것이다.

그러나 아직 업장이 남아 있으니 공덕을 더 쌓아라.

항상 보이지 않는 갈등이 있으니 참는 것이 최선이다.

고생 끝에 낙이 오고 화가 복으로 변할 수 있으니 노력하라.

조용히 지내면 만사가 형통하리라.

## 5. 재물운

사람들은 부자가 되고 싶어 하며 노력하나 어떤 이는 부자로 살고, 어떤 이는 가난하게 살아간다. 또 처음에는 부자이다가 나중에 가난해지는 경우도 있고, 처음에는 가난하다가 나중에는 부자가 되는 사람도 있다. 이것은 노력만이 아니라 팔자에 재물운이 있어야 하기 때문이다. 재물운도 미리 알면 거기에 맞게 대책을 세울 수 있으니 참고하면 좋다. 재물운은 초년·청년·중년·말년 4단계로 나누어서 본다.

① 초년(1세~20세)의 재물운은 생월(生月)을 기준으로 생년(生年)을 대조해서 본다. 초년의 재물운은 부모의 영향을 많이 받으므로 부모의 운을 함께 보아야 한다.

② 청년(21세~40세)의 재물운은 생년(生年)을 기준으로 생월(生月)을 대조해서 본다. 청년의 재물운은 배우자의 영향을 많이 받으므로(29쪽 청년운 도표 참고) 배우자의 운을 함께 보아야 한다.

③ 중년(41세~60세)의 재물운은 생월(生月)을 기준으로 생일(生

日)을 대조해서 본다. 중년의 재물운도 배우자의 영향을 많이 받으므로 배우자의 운을 함께 보아야 한다.

④ 말년(61세~)의 재물운은 생월(生月)을 기준으로 생시(生時)를 대조해서 본다. 말년의 재물운은 자녀의 영향을 많이 받으므로 자녀의 운을 함께 보아야 한다.

옛날에는 재물의 기준이 쌀이여서 50석, 100석, 1,000석, 10,000석 등으로 논했다. 그러나 지금은 그렇지 않으니 참고만 하면서 현대의 가치로 추측해야 한다. 즉 큰 부자, 중간 부자, 작은 부자, 평민, 빈자, 걸인 등으로 구분한다. 예를 들어 아래와 같은 운이 나왔다면 해설은 다음과 같다.

① 초년운

천역성(天驛星) : 초년에는 부모덕으로 50석 정도를 지닌다.

② 청년운

천파성(天破星) : 청년에는 걸인이 되거나 30석 정도를 지닌다.

③ 중년운

천복성(天福星) : 중년에는 자수성가로 1,000석 정도를 지닌다.

④ 말년운

천귀성(天貴星) : 말년에는 매우 길하여 10,000석 정도를 지닌다.

# 재물운 도표(초년, 중년 말년을 볼 때)

| 운<br>월 | 天驛 | 天文 | 天福 | 天貴 | 天權 | 天奸 | 天藝 | 天孤 | 天厄 | 天破 | 天刃 | 天壽 |
|---|---|---|---|---|---|---|---|---|---|---|---|---|
| 1 | 巳 | 午 | 未 | 申 | 酉 | 戌 | 亥 | 子 | 丑 | 寅 | 卯 | 辰 |
| 2 | 午 | 未 | 申 | 酉 | 戌 | 亥 | 子 | 丑 | 寅 | 卯 | 辰 | 巳 |
| 3 | 未 | 申 | 酉 | 戌 | 亥 | 子 | 丑 | 寅 | 卯 | 辰 | 巳 | 午 |
| 4 | 申 | 酉 | 戌 | 亥 | 子 | 丑 | 寅 | 卯 | 辰 | 巳 | 午 | 未 |
| 5 | 酉 | 戌 | 亥 | 子 | 丑 | 寅 | 卯 | 辰 | 巳 | 午 | 未 | 申 |
| 6 | 戌 | 亥 | 子 | 丑 | 寅 | 卯 | 辰 | 巳 | 午 | 未 | 申 | 酉 |
| 7 | 亥 | 子 | 丑 | 寅 | 卯 | 辰 | 巳 | 午 | 未 | 申 | 酉 | 戌 |
| 8 | 子 | 丑 | 寅 | 卯 | 辰 | 巳 | 午 | 未 | 申 | 酉 | 戌 | 亥 |
| 9 | 丑 | 寅 | 卯 | 辰 | 巳 | 午 | 未 | 申 | 酉 | 戌 | 亥 | 子 |
| 10 | 寅 | 卯 | 辰 | 巳 | 午 | 未 | 申 | 酉 | 戌 | 亥 | 子 | 丑 |
| 11 | 卯 | 辰 | 巳 | 午 | 未 | 申 | 酉 | 戌 | 亥 | 子 | 丑 | 寅 |
| 12 | 辰 | 巳 | 午 | 未 | 申 | 酉 | 戌 | 亥 | 子 | 丑 | 寅 | 卯 |

## 1. 천역성(天驛星)

재운천역 인재분주(財運天驛 因財奔走)
재가무익 출즉생재(在家無益 出則生財)
심중유고 세사부운(心中有苦 世事浮雲)
재운평범 의식만족(財運平凡 衣食滿足)
소촌부자 오십석재(小村富者 五十石財)
재운평운 반길반흉(財運平運 半吉半凶)

재물운이 천역성에 해당하니 재물 때문에 분주할 것이다.
집에 있으면 이익이 없으나 나가면 재물이 생기리라.
마음속에 괴로움이 있으니 세상사가 뜬구름 같을 것이다.
재물운이 평범하니 의식주도 무난하다.
작은 마을에서 알아주는 부자이니 타고난 재산은 50석이다.
재물운이 평범하니 절반은 길하고 절반은 흉하다.

## 2. 천문성(天文星)

재운천문 인학득재(財運天文 因學得財)
약근학문 재운출세(若勤學問 財運出世)
약불학문 다고심신(若不學問 多苦心身)
재운군부 창고충만(財運郡富 倉庫充滿)

군내부자 오백석부(郡內富者 五百石富)

재운희신 사방득재(財運喜神 四方得財)

재물운이 천문성에 해당하니 학문으로 인하여 재물을 얻는다.

만약 학문에 근면하면 재물도 얻고 출세할 수 있다.

그러나 학문에 나태하면 심신에 고통이 많이 따를 것이다.

재물운은 군내의 부자이니 창고가 충만할 것이다.

군내에서 알아주는 부자이니 타고난 재산은 500석이다.

재물운이 희신이니 사방에서 재물을 얻으리라.

## 3. 천복성(天福星)

재운천복 재운다복(財運天福 財運多福)

총명다재 재운충만(聰明多才 財運充滿)

귀인내조 매사여의(貴人來助 每事如意)

재운다복 창고충만(財運多福 倉庫充滿)

도내부자 이천석부(道內富者 二千石富)

재운용신 재물충만(財運用神 財物充滿)

재물운이 천복성에 해당하니 재물복이 많을 것이다.

총명하며 재주가 많고 재물운이 넘치리라.

귀인이 찾아와 도와주니 만사가 순조로울 것이다.

재물복이 많으니 창고가 충만하다.

도내에서 알아주는 부자이니 타고난 재산은 2,000석이다.

재물운이 용신이니 재물운이 충만하리라.

## 4. 천귀성(天貴星)

재운천귀 재관양득(財運天貴 財官兩得)

언어충직 소유고집(言語忠直 少有固執)

귀인내조 축재성공(貴人來助 蓄財成功)

재운대길 수중천금(財運大吉 手中千金)

국내대부 만석거부(國內大富 萬石巨富)

재운용신 산천대축(財運用神 山天大畜)


재물운이 천귀성에 해당하니 재물과 권력을 모두 얻을 것이다.

언어가 충직하나 고집이 약간 있다.

귀인이 찾아와 도와주니 재물을 모을 수 있다.

재물운이 대길하니 수중에 천금을 넣으리라.

국내에서 알아주는 부자이니 타고난 재산은 10,000석이다.

재물운이 용신이니 재산을 산처럼 쌓으리라.

## 5. 천권성(天權星)

재운천권 인재득권(財運天權 因財得權)

위인준수 총명다재(爲人俊秀 聰明多才)

약근축재 재관양득(若勤蓄財 財官兩得)

인재득권 문전성시(因財得權 門前成市)

도내부자 오천석재(道內富者 五千石財)

재운용신 인재명진(財運用神 因財名振)

재물운이 천권성에 해당하니 재물로 인하여 권세를 얻을 것이다.

사람이 준수하며 총명하고 재능이 많다.

만약 성실하게 재물을 모으면 재물과 관직을 모두 얻으리라.

재물로 인하여 권세를 얻고 문전성시를 이룰 것이다.

도내에서 알아주는 부자이니 타고난 재산은 5,000석이다.

재물운이 용신이니 재물로 인하여 명예를 떨치리라.

## 6. 천간성(天奸星)

재운천간 지모득재(財運天奸 智謀得財)

능유능강 변화무궁(能柔能强 變化無窮)

지재성공 명진사방(智才成功 名振四方)

재운소길 분복만족(財運小吉 分福滿足)

읍내부자 오백재부(邑內富者 五百財富)

재운희신 사방득재(財運喜神 四方得財)


재물운이 천간성에 해당하니 지모로 재물을 얻을 것이다.

유순하면서도 강하니 변화가 무궁하다.

지혜와 재능으로 성공해 사방에 널리 명예를 떨치리라.

재물운은 소길하니 타고난 복에 만족하라.

읍내에서 알아주는 부자이니 타고난 재산은 500석이다.

재물운이 희신이니 사방에서 재물을 얻으리라.


## 7. 천예성(天藝星)


재운천예 인예득재(財運天藝 因藝得財)

수기다능 일취월장(手技多能 日就月將)

소리만족 평안세월(小利滿足 平安歲月)

재운평범 근검절약(財運平凡 勤儉節約)

의식만족 일백석재(衣食滿足 一百石財)

재운한신 반길반흉(財運閑神 半吉半凶)


재물운이 천예성에 해당하니 예능으로 재물을 얻을 것이다.

손재주가 많으니 나날이 발전할 것이다.

작은 것에 만족하면 평안하리라.

재물운이 평범하니 근검하고 절약하라.

타고난 재산은 100석이니 의식주는 족할 것이다.

재물운이 한신이니 반은 길하고 반은 흉하다.

## 8. 천고성(天孤星)

재운천고 인재고독(財運天孤 因財孤獨)

사고무친 인덕부족(四顧無親 人德不足)

약비풍상 병고수다(若非風霜 病苦數多)

재운소흉 경계도적(財運小凶 警戒盜賊)

절약최길 오십석재(節約最吉 五十石財)

소리만족 안심입명(小利滿足 安心立命)


재물운이 천고성에 해당하니 재물로 인하여 고독할 것이다.

사방을 돌아봐도 도와줄 사람이 없으니 인덕이 없다.

풍상을 겪지 않으면 질병의 고통을 많을 것이다.

재물운이 흉하니 항상 도적을 경계해야 한다.

타고난 재산은 50석이니 절약이 최선이다.

그러나 작은 이익에 만족하면 편안하게 살 수 있다.

## 9. 천액성(天厄星)

재운심란 인재다병(財運甚亂 因財多病)

독립대흥 고용유리(獨立大凶 雇用有利)

조업난수 손재난면(祖業難守 損財難免)

재운득병 투병재소(財運得病 鬪病財消)

빈곤난면 기아걸식(貧困難免 飢餓乞食)

절약최길 삼십석재(節約最吉 三十石財)


재물운이 천액성에 해당하니 재물 때문에 질병에 걸릴 것이다.

독립하면 매우 흥하고 봉급생활자이면 유리하다.

조상의 업을 지키기 어렵고 손재수를 면하기 어렵다.

재물운에 천액성이 들었으니 질병으로 인하여 재물을 잃는다.

빈곤을 면하기 어렵고 기아와 걸식이 따르리라.

그러나 절약하면 30석은 모을 수 있다.


## 10. 천파성(天破星)

재운천파 인재득흉(財運天破 因財得凶)

독립대흥 고용유리(獨立大凶 雇用有利)

수유세업 패가걸식(雖有世業 敗家乞食)

극빈유랑 걸식연명(極貧流浪 乞食延命)

절약최길 일십석재(節約最吉 一十石財)

독립불리 고용최길(獨立不利 雇用最吉)


재물운이 천파성에 해당하니 재물 때문에 흥이 따를 것이다.

독립하면 매우 흥하고 봉급생활자이면 유리하다.

비록 유산을 물려받아도 패가하고 걸식하리라.

극빈으로 유랑하며 걸식으로 겨우 연명하리라.

그러나 절약하면 10석은 모을 수 있다.

독립하면 불리하니 봉급생활자가 되어라.


## 11. 천인성(天刃星)


재운천인 인재고전(財運天刃 因財苦戰)

약무신액 입산승도(若無身厄 入山僧道)

독립대흉 고용유리(獨立大凶 雇用有利)

극빈유랑 걸식연명(極貧流浪 乞食延命)

절약최길 이십석재(節約最吉 二十石財)

독립불리 고용최길(獨立不利 雇用最吉)


재물운이 천인성에 해당하니 재물 때문에 고전할 것이다.

신액이 따르지 않으면 입산하여 승도가 될 것이다.

독립하면 매우 흥하고 봉급생활자이면 유리하다.

극빈으로 유랑하며 걸식으로 겨우 연명하리라.

그러나 절약하면 20석은 모을 수 있다.

독립하면 불리하니 봉급생활자로 사는 것이 가장 좋다.

## 12. 천수성(天壽星)

재운천수 인재봉위(財運天壽 因財逢危)

사고무친 인덕부족(四顧無親 人德不足)

재운소흉 경계도적(財運小凶 警戒盜賊)

득재단명 무재장수(得財短命 無財長壽)

절약최길 사십석재(節約最吉 四十石財)

소리만족 안심입명(小利滿足 安心立命)


재물운이 천수성에 해당하니 재물 때문에 위기를 당할 것이다.

사방을 돌아봐도 도와주는 이가 없는 것고 인덕이 없다.

재물운이 흉하니 항상 도적을 경계하라.

재물이 있으면 수명이 짧고 재물이 없으면 장수하리라.

그러나 절약하면 40석은 모을 수 있다.

작은 이익에 만족하면 편안하게 살 수 있을 것이다.

# 6. 직업운

사람은 누구나 자신에게 맞는 좋은 직업에 종사하며 살고 싶을 것이다. 그러나 직업도 팔자에 있는 천직을 가져야 성공할 수 있다. 평생 한 가지 직업에 종사하는 사람도 있으나 대개는 몇 차례의 변화를 겪기도 한다. 직업운은 전반기와 후반기 2단계로 나누어서 본다.

① 전반기(1세~40세)의 직업운은 생월(生月)을 기준으로 생년(生年)을 대조해서 본다.
② 후반기(41세~)의 직업운은 생월(生月)을 기준으로 생일(生日)을 대조해서 본다.

## 1. 천역성(天驛星)

천역입명 이동천직(天驛入命 移動天職)

이동여행 외국출장(移動旅行 外國出張)

동식서숙 천지오가(東食西宿 天地吾家)

속성속패 동분서주(速成速敗 東奔西走)

영업판매 상업성공(營業販賣 商業成功)

유통관계 유행민첩(流通關係 流行敏捷)

# 직업운 도표

| 운<br>월 | 天驛 | 天文 | 天福 | 天貴 | 天權 | 天奸 | 天藝 | 天孤 | 天厄 | 天破 | 天刃 | 天壽 |
|---|---|---|---|---|---|---|---|---|---|---|---|---|
| 1 | 巳 | 午 | 未 | 申 | 酉 | 戌 | 亥 | 子 | 丑 | 寅 | 卯 | 辰 |
| 2 | 午 | 未 | 申 | 酉 | 戌 | 亥 | 子 | 丑 | 寅 | 卯 | 辰 | 巳 |
| 3 | 未 | 申 | 酉 | 戌 | 亥 | 子 | 丑 | 寅 | 卯 | 辰 | 巳 | 午 |
| 4 | 申 | 酉 | 戌 | 亥 | 子 | 丑 | 寅 | 卯 | 辰 | 巳 | 午 | 未 |
| 5 | 酉 | 戌 | 亥 | 子 | 丑 | 寅 | 卯 | 辰 | 巳 | 午 | 未 | 申 |
| 6 | 戌 | 亥 | 子 | 丑 | 寅 | 卯 | 辰 | 巳 | 午 | 未 | 申 | 酉 |
| 7 | 亥 | 子 | 丑 | 寅 | 卯 | 辰 | 巳 | 午 | 未 | 申 | 酉 | 戌 |
| 8 | 子 | 丑 | 寅 | 卯 | 辰 | 巳 | 午 | 未 | 申 | 酉 | 戌 | 亥 |
| 9 | 丑 | 寅 | 卯 | 辰 | 巳 | 午 | 未 | 申 | 酉 | 戌 | 亥 | 子 |
| 10 | 寅 | 卯 | 辰 | 巳 | 午 | 未 | 申 | 酉 | 戌 | 亥 | 子 | 丑 |
| 11 | 卯 | 辰 | 巳 | 午 | 未 | 申 | 酉 | 戌 | 亥 | 子 | 丑 | 寅 |
| 12 | 辰 | 巳 | 午 | 未 | 申 | 酉 | 戌 | 亥 | 子 | 丑 | 寅 | 卯 |

직업운이 천역성에 해당하니 이동하는 것이 천직이다.

이동이나 여행이나 외국으로 나가는 일 등과 인연이 좋다.

동에서 먹고 서에서 자니 사방천지가 내 집이다.

빨리 성공하고 빨리 실패하며 동분서주한다.

영업이나 판매나 상업으로 성공할 수 있다.

유통업이나 유행에 민감한 업종이 좋다.

## 2 천문성(天文星)

천문입명 학문천직(天文入命 學文天職)

문장교육 연구창작(文章敎育 硏究創作)

발명학문 화술인기(發明學問 話術人氣)

신앙수도 종교사업(信仰修道 宗敎事業)

독서심취 도덕중시(讀書深醉 道德重視)

서점문구 야채과물(書店文具 野菜果物)

직업운이 천문성에 해당하니 학문이 천직이다.

문장이나 교육이나 연구나 창작 등과 인연이 좋다.

발명이나 학문이나 화술로 인기를 얻는 일도 좋다.

신앙이나 수도나 종교사업과도 인연이 있다.

독서에 심취하며 도덕을 중시하리라.

서점이나 문구, 야채나 과일 등과 관계있는 일도 좋다.

## 3. 천복성(天福星)

천복입명 토지천직(天福入命 土地天職)

토지농업 부동산업(土地農業 不動産業)

하숙여관 주택건물(下宿旅館 住宅建物)

도예골동 묘지목장(陶藝骨董 墓地牧場)

과수원업 자연인연(果樹園業 自然因緣)

전답토지 주차장업(田畓土地 駐車場業)


직업운이 천복성에 해당하니 토지가 천직이다.

토지와 인연이 좋으니 농업이나 부동산이 좋다.

하숙이나 여관이나 주택이나 건물과 관계있는 일도 좋다.

도예나 골동품이나 묘지나 목장도 인연이 많다.

과수원 등 자연과 인연이 많다.

전답이나 토지나 주차장도 좋다.


## 4. 천귀성(天貴星)

천귀입명 국록천직(天貴入命 國祿天職)

국록공무 공사인연(國祿公務 公社因緣)

군인장군 국방수비(軍人將軍 國防守備)

금융회사 은행관계(金融會社 銀行關係)

철물기계 차량운수(鐵物器械 車輛運輸)

공구총포 석물수석(工具銃砲 石物收石)

직업운이 천귀성에 해당하니 나라의 녹을 먹는 일이 천직이다.

국록을 먹는 공무원이나 공사와 인연이 좋다.

만일 군인이나 장군이 되면 국방을 수비하리라.

금융이나 은행과 관계있는 일도 좋다.

철물이나 기계나 자동차와 관계있는 운수업도 좋다.

공구나 총포나 돌과 관계있는 일도 좋다.

## 5. 천권성(天權星)

천권입명 권력천직(天權入命 權力天職)

군인경찰 판사검사(軍人警察 判事檢事)

국록최길 외교거래(國祿最吉 外交去來)

봉급생활 은행금융(俸給生活 銀行金融)

재물길연 사업속성(財物吉緣 事業速成)

무역산업 유통판매(貿易産業 流通販賣)

직업운이 천권성에 해당하니 권력을 잡는 일이 천직이다.

군인이나 경찰이나 판사나 검사 등과 인연이 있으리라.

국록을 받는 일이 가장 좋은데 외교나 거래하는 일이 좋다.

봉급생활자이면 은행이나 금융 계통도 좋다.

재물과 인연이 많고 하는 일이 빨리 성공하리라.

무역이나 유통이나 판매와 관계있는 일도 좋다.

## 6. 천간성(天奸星)

천간입명 모사천직(天奸入命 謀事天職)

기자비평 신문평론(記者批評 新聞評論)

중개업자 지모과인(仲介業者 智謀過人)

미용화장 외교영업(美容化粧 外交營業)

실내장식 간판인쇄(室內裝飾 看板印刷)

광고선전 조명전기(廣告宣傳 照明電氣)


직업운이 천간성에 해당하니 도모하는 일이 천직이다.

기자나 비평이나 신문이나 평론 등과 인연이 좋다.

지혜와 모사가 좋으니 중개업도 좋다.

미용이나 화장이나 외교나 영업 등도 좋다.

실내장식이나 간판이나 인쇄업도 좋다.

광고나 선전이나 조명이나 전기와 관계있는 일도 좋다.

## 7. 천예성(天藝星)

천예입명 예능천직(天藝入命 藝能天職)

가수배우 인기음악(歌手俳優 人氣音樂)

소설만화 작곡작사(小說漫畵 作曲作詞)

풍류호색 낙천주의(風流好色 樂天主義)

화술교육 발명연구(話術敎育 發明硏究)

의류가구 목공원예(衣類家具 木工園藝)

직업운이 천예성에 해당하니 예능이 천직이다.

가수나 배우나 음악 등 인기와 관계있는 일과 인연이 좋다.

소설이나 만화나 작곡이나 작사도 좋다.

낙천적이며 풍류와 호색을 즐기리라.

화술이 능하며 교육이나 발명이나 연구 등도 좋다.

의류나 가구나 목공이나 원예 등도 좋다.

## 8. 천고성(天孤星)

천고입명 기술천직(天孤入命 技術天職)

연구창작 심사숙고(硏究創作 深思熟考)

승도종교 제도사업(僧道宗敎 濟度事業)

목재화원 삼림목류(木材花園 森林木類)

자연관계 야채과물(自然關係 野菜果物)

건축주택 토목건설(建築住宅 土木建設)

직업운이 천고성에 해당하니 기술이 천직이다.

연구나 창작이나 많이 생각하는 일과 인연이 좋다.

승도가 되거나 종교 계통의 일도 좋다.

목재나 화원이나 삼림 등 나무와 관계있는 일도 좋다.

자연과 관계있는 야채나 과일 계통도 좋다.

건축이나 토목이나 건설업도 좋다.

## 9. 천액성(天厄星)

천액입명 활인천직(天厄入命 活人天職)

의사약사 간호보모(醫師藥師 看護保姆)

봉사사업 구제사업(奉仕事業 救濟事業)

건강관계 문화예술(健康關係 文化藝術)

점술역학 인생운명(占術易學 人生運命)

활인종교 중생제도(活人宗敎 衆生濟度)

직업운이 천액성에 해당하니 활인업이 천직이다.

의사나 약사나 간호사나 보모와 인연이 좋다.

봉사하는 일이나 구제하는 일이 좋다.

건강이나 문화나 예술 방면도 좋다.

점술이나 역학 등 인생을 상담해주는 일도 좋다.

활인업이나 종교 등 중생을 제도하는 일도 좋다.

## 10. 천파성(天破星)

천파입명 파괴천직(天破入命 破壞天職)

철거폭파 사건해결(撤去爆破 事件解決)

군인경찰 국록공무(軍人警察 國祿公務)

검사판사 사법관계(檢事判事 司法關係)

운동선수 체육생활(運動先手 體育生活)

무역산업 경영판매(貿易産業 經營販賣)


직업운이 천파성에 해당하니 파괴하는 일이 천직이다.

철거나 폭파나 사건을 해결하는 일과 인연이 좋다.

군인이나 경찰 또는 공무원도 좋다.

검사나 판사 등 사법과 관계있는 일도 좋다.

운동선수나 체육과 관계있는 일도 좋다.

무역이나 산업이나 경영이나 판매도 좋다.

## 11. 천인성(天刃星)

천인입명 법관천직(天刃入命 法官天職)
경찰검사 판사교도(警察檢事 判事矯導)
독립사업 지점출장(獨立事業 支店出張)
변호사업 봉급생활(辯護士業 俸給生活)
전문기술 기사생활(專門技術 技士生活)
판단정확 결정신속(判斷正確 決定迅速)

직업운이 천인성에 해당하니 법관이 천직이다.
경찰이나 검사나 판사나 교도관과 인연이 좋다.
독립적인 지점이나 출장소도 좋다.
변호사나 봉급생활자도 좋다.
전문기술이 있는 기사도 좋다.
판단이 정확하며 결정이 신속하리라.

## 12. 천수성(天壽星)

천수입명 수양천직(天壽入命 修養天職)
건강관계 수도종교(健康關係 修道宗敎)
중생제도 교육관계(衆生濟度 敎育關係)
식품수산 해운양어(食品水産 海運養魚)

지압다방 사교주점(指壓茶房 社交酒店)

목욕온천 수도공사(沐浴溫泉 水道工事)

직업운이 천수성에 해당하니 수양하는 일이 천직이다.

건강과 관계있는 일이나 수도생활하는 종교와 인연이 좋다.

중생을 제도하거나 교육과 관계있는 일도 좋다.

식품이나 수산이나 해운이나 물고기 기르는 일도 좋다.

지압이나 다방이나 사교나 주점도 좋다.

목욕탕이나 온천이나 수도공사도 좋다.

## 7. 길지운

　길지(吉地)란 자신에게 맞는 곳을 말하는데, 이런 곳에 살아야 건강하며 재물도 모으고 출세와 성공도 할 수 있다. 그렇지 않으면 질병에 걸리거나 하는 일이 뜻대로 되지 않거나 만사에 어려움이 따른다. 길지를 찾는 방법은 전반기와 후반기 2단계로 나누어 본다.

① 전반기(1세~40세)의 길지운은 생월(生月)을 기준으로 생년(生年)을 대조해서 본다.

② 후반기(41세~)의 길지운은 생월(生月)을 기준으로 생일(生日)을 대조해서 본다.

# 길지운 도표

| 운<br>월 | 天驛 | 天文 | 天福 | 天貴 | 天權 | 天奸 | 天藝 | 天孤 | 天厄 | 天破 | 天刃 | 天壽 |
|---|---|---|---|---|---|---|---|---|---|---|---|---|
| 1 | 巳 | 午 | 未 | 申 | 酉 | 戌 | 亥 | 子 | 丑 | 寅 | 卯 | 辰 |
| 2 | 午 | 未 | 申 | 酉 | 戌 | 亥 | 子 | 丑 | 寅 | 卯 | 辰 | 巳 |
| 3 | 未 | 申 | 酉 | 戌 | 亥 | 子 | 丑 | 寅 | 卯 | 辰 | 巳 | 午 |
| 4 | 申 | 酉 | 戌 | 亥 | 子 | 丑 | 寅 | 卯 | 辰 | 巳 | 午 | 未 |
| 5 | 酉 | 戌 | 亥 | 子 | 丑 | 寅 | 卯 | 辰 | 巳 | 午 | 未 | 申 |
| 6 | 戌 | 亥 | 子 | 丑 | 寅 | 卯 | 辰 | 巳 | 午 | 未 | 申 | 酉 |
| 7 | 亥 | 子 | 丑 | 寅 | 卯 | 辰 | 巳 | 午 | 未 | 申 | 酉 | 戌 |
| 8 | 子 | 丑 | 寅 | 卯 | 辰 | 巳 | 午 | 未 | 申 | 酉 | 戌 | 亥 |
| 9 | 丑 | 寅 | 卯 | 辰 | 巳 | 午 | 未 | 申 | 酉 | 戌 | 亥 | 子 |
| 10 | 寅 | 卯 | 辰 | 巳 | 午 | 未 | 申 | 酉 | 戌 | 亥 | 子 | 丑 |
| 11 | 卯 | 辰 | 巳 | 午 | 未 | 申 | 酉 | 戌 | 亥 | 子 | 丑 | 寅 |
| 12 | 辰 | 巳 | 午 | 未 | 申 | 酉 | 戌 | 亥 | 子 | 丑 | 寅 | 卯 |

# 1. 천역성(天驛星)

천역입명 역전길지(天驛入命 驛前吉地)
우편방송 역전주변(郵便放送 驛前周邊)
관광사업 이동여행(觀光事業 移動旅行)
출국분주 공항항구(出國奔走 空港港口)
통신신문 소식전달(通信新聞 消息傳達)
세무관청 무역회사(稅務官廳 貿易會社)

길지운이 천역성에 해당하니 역전이 길지다.
우편국이나 방송국이나 역 근처도 좋다.
관광지나 여행지 등 이동이 많은 곳도 좋다.
출국 등으로 분주한 공항이나 항구 근처도 좋다.
통신사나 신문사 등 소식을 전하는 곳 근처도 좋다.
세무관청이나 무역회사 근처도 좋다.

# 2 천문성(天文星)

천문입명 학교길지(天文入命 學校吉地)
학교학원 교육시설(學校學院 教育施設)
교육기관 서점문구(教育機關 書店文具)
체육시설 통신방송(體育施設 通信放送)

학문심취 호학문장(學文深醉 好學文章)
문화시설 과학시설(文化施設 科學施設)

길지운이 천문성에 해당하니 학교가 길지다.
학교나 학원이나 교육시설 근처와 인연이 좋다.
교육기관이나 서점이나 문구점 근처도 좋다.
체육시설이나 통신시설이나 방송국 근처도 좋다.
이런 곳에 살면 학문을 좋아하며 문장이 좋으리라.
문화시설이나 과학시설 근처도 좋다.

## 3. 천복성(天福星)

천복입명 복지길지(天福入命 福地吉地)
세무관청 무역회사(稅務官廳 貿易會社)
은행증권 시장상가(銀行證券 市場商街)
무역회사 재복충만(貿易會社 財福充滿)
창고만당 오복구비(倉庫滿堂 五福具備)
숙박업소 식품공장(宿泊業所 食品工場)

길지운이 천복성에 해당하니 복된 곳이 길지다.
세무관청이나 무역회사 근처가 좋다.
은행이나 증권회사나 시장이나 상가 근처도 좋다.

특히 무역회사 근처이면 재물복이 충만하리라.

창고가 가득차며 오복을 구비하리라.

숙박업소나 식품공장 근처도 좋다.

## 4. 천귀성(天貴星)

천귀입명 부귀길지(天貴入命 富貴吉地)

창고공장 지점분점(倉庫工場 支店分店)

건강식품 백화점변(健康食品 百貨店邊)

금융창고 금은보석(金融倉庫 金銀寶石)

행정관청 선두수장(行政官廳 先頭首長)

귀인내조 부귀영화(貴人來助 富貴榮華)

길지운이 천귀성에 해당하니 부귀한 곳이 길지다.

창고나 공장이나 지점이나 분점 근처가 좋다.

건강식품이나 백화점 근처도 좋다.

금융회사나 창고나 금은보석상 근처도 좋다.

특히 행정관청 근처이면 수장이 되리라.

이런 곳에 살면 귀인이 찾아와 도와주니 부귀영화를 누릴 것이다.

## 5. 천권성(天權星)

천권입명 권력길지(天權入命 權力吉地)

경찰관서 법원관청(警察官署 法院官廳)

우편지국 군인부대(郵便支局 軍人部隊)

재판관청 파출지소(裁判官廳 派出支所)

지위군림 만인통솔(地位君臨 萬人統率)

도처득권 만인환영(到處得權 萬人歡迎)

길지운이 천권성에 해당하니 권력이 있는 곳이 길지다.

경찰서나 법원이나 관청 근처가 좋다.

우편국이나 군인부대 근처도 좋다.

재판하는 관청이나 파출소 근처도 좋다.

이런 곳에 살면 높은 지위에 오르고 만인을 통솔하리라.

또 도처에서 권력을 얻고 만인에게 환영을 받으리라.

## 6. 천간성(天奸星)

천간입명 지모길지(天奸入命 智謀吉地)

방송신문 특별길지(放送新聞 特別吉地)

지혜충만 다재다능(智慧充滿 多才多能)

학교학원 교육기관(學校學院 敎育機關)

지모과인 지혜득재(智謀過人 智慧得財)

수양시설 사찰교회(修養施設 寺刹敎會)

길지운이 천간성에 해당하니 지모가 있는 곳이 길지다.

특히 방송이나 신문과 관계있는 곳이 좋다.

이런 곳에 살면 지혜가 충만하며 다재다능하리라.

학교나 학원이나 교육기관 근처도 좋다.

이런 곳에 살면 지모가 많아지며 재물이 들어오리라.

수양시설이나 사찰이나 교회 근처도 좋다.

## 7. 천예성(天藝星)

천예입명 극장길지(天藝入命 劇場吉地)

화술능숙 만인제압(話術能熟 萬人制壓)

지혜충만 다재다능(智慧充滿 多才多能)

연예인명 사방인기(演藝人命 四方人氣)

선고후락 고진감래(先苦後樂 苦盡甘來)

의류시장 전기조명(衣類市場 電氣照明)

길지운이 천예성에 해당하니 극장이 길지다.

이런 곳에 살면 화술이 좋으며 만인을 제압하리라.

또 지혜가 충만하며 다재다능하리라.

연예인의 명이니 사방에서 인기를 얻으리라.

먼저는 고통스러우나 후에는 즐거우니 고통을 참고 견뎌라.

의류시장이나 전기나 조명이 있는 곳 근처도 좋다.

## 8. 천고성(天孤星)

천고입명 사찰길지(天孤入命 寺刹吉地)

공원주변 주차장변(公園周邊 駐車場邊)

토지농장 과수원변(土地農場 果樹園邊)

일시고독 사고무친(一時孤獨 四顧無親)

인내최길 고진감래(忍耐最吉 苦盡甘來)

광장공원 전화위복(廣場公園 轉禍爲福)


길지운이 천고성에 해당하니 사찰이 길지다.

공원이나 주차장 근처에서 찾아보라.

토지나 농장이나 과수원 근처도 좋다.

그렇지 않으면 사방에 친한 사람이 없으니 고독하리라.

고진감래의 형상이니 인내하는 것이 최선이다.

그러나 광장이나 공원 근처에서 찾으면 전화위복이 되리라.

# 9. 천액성(天厄星)

천액입명 병원길지(天厄入命 病院吉地)

병원주변 제약회사(病院周邊 製藥會社)

차량회사 보석상가(車輛會社 寶石商街)

의사약사 환자간호(醫師藥師 患者看護)

활인사업 업장소멸(活人事業 業障消滅)

석물공장 역전주변(石物工場 驛前周邊)


길지운이 천액성에 해당하니 병원이 길지다.

병원이나 제약회사가 좋다.

차량회사나 보석상가 근처도 좋다.

의사나 약사가 환자를 간호하는 곳 근처도 좋다.

활인사업을 하면 업장이 소멸되리라.

석물공장이나 역전 주변도 좋다.


# 10. 천파성(天破星)

천파입명 군영길지(天破入命 軍營吉地)

경찰관서 치안부대(警察官署 治安部隊)

철물철공 군인부대(鐵物鐵工 軍人部隊)

국경지대 해안경비(國境地帶 海岸警備)

대형창고 지점분점(大型倉庫 支店分店)
식품공장 교육기관(食品工場 敎育機關)

길지운이 천파성에 해당하니 군영이 길지다.
경찰서나 치안부대 근처가 좋다.
철물이나 철공이나 군인부대 근처도 좋다.
국경지대나 해안경비 근처도 좋다.
대형창고나 지점이나 분점도 좋다.
식품공장이나 교육기관 근처도 좋다.

## 11. 천인성(天刃星)

천인입명 법원길지(天刃入命 法院吉地)
방송통신 소방관서(放送通信 消防官署)
백화점변 금융창고(百貨店邊 金融倉庫)
세무관청 활인사업(稅務官廳 活人事業)
수산시장 청과시장(水産市場 靑果市場)
백인내중 전화위복(百忍耐中 轉禍爲福)

길지운이 천인성에 해당하니 법원이 길지다.
방송이나 통신이나 소방서 근처가 좋다.
백화점이나 금융이나 창고 근처도 좋다.

세무관청이나 활인사업을 하는 곳 근처도 좋다.

수산시장이나 청과시장 근처도 좋다.

이런 곳에 살면서 참고 또 참으면 전화위복이 되리라.

## 12. 천수성(天壽星)

천수입명 성당길지(天壽入命 聖堂吉地)

항구포구 지천해변(港口浦口 池川海邊)

건강시설 수도사업(健康施設 水道事業)

병원약국 보건관계(病院藥局 保健關係)

문화시설 토지묘지(文化施設 土地墓地)

건설회사 주택단지(建設會社 住宅團地)

길지운이 천수성에 해당하니 성당이 길지다.

항구나 포구나 연못이나 강이나 해변 근처가 좋다.

건강시설이나 수도사업 근처도 좋다.

병원이나 약국이나 보건과 관계있는 곳 근처도 좋다.

문화시설이나 토지나 묘지 근처도 좋다.

건설회사나 주택단지 근처도 좋다.

# 8. 길복운

사람은 누구나 복을 많이 받으며 행복하게 살고 싶어할 것이다. 그러나 사주에 있어야 가능하고, 어떤 복이 있는지 알아야 활용할 수 있다. 길복운을 찾는 방법은 초년·청년·중년·말년 4단계로 나누어서 본다.

① 초년(1세~20세)의 길복운은 생월(生月)을 기준으로 생년(生年)을 대조해서 본다.
② 청년(21세~40세)의 길복운은 생년(生年)을 기준으로 생월(生月)을 대조해서 본다.
③ 중년(41세~60세)의 길복운은 생월(生月)을 기준으로 생일(生日)을 대조해서 본다.
④ 말년(61세~)의 길복운은 생월(生月)을 기준으로 생시(生時)를 대조해서 본다.

## 1. 천역성(天驛星)

천역입명 등과득복(天驛入命 登科得福)
국록지인 관운득복(國祿之人 官運得福)
의식풍족 지위득복(衣食豊足 地位得福)
입신출세 명진득복(立身出世 名振得福)

## 달로 보는 길복운 도표(초년, 중년, 말년을 볼 때)

| 운<br>월 | 天驛 | 天文 | 天福 | 天貴 | 天權 | 天奸 | 天藝 | 天孤 | 天厄 | 天破 | 天刃 | 天壽 |
|---|---|---|---|---|---|---|---|---|---|---|---|---|
| 1 | 巳 | 午 | 未 | 申 | 酉 | 戌 | 亥 | 子 | 丑 | 寅 | 卯 | 辰 |
| 2 | 午 | 未 | 申 | 酉 | 戌 | 亥 | 子 | 丑 | 寅 | 卯 | 辰 | 巳 |
| 3 | 未 | 申 | 酉 | 戌 | 亥 | 子 | 丑 | 寅 | 卯 | 辰 | 巳 | 午 |
| 4 | 申 | 酉 | 戌 | 亥 | 子 | 丑 | 寅 | 卯 | 辰 | 巳 | 午 | 未 |
| 5 | 酉 | 戌 | 亥 | 子 | 丑 | 寅 | 卯 | 辰 | 巳 | 午 | 未 | 申 |
| 6 | 戌 | 亥 | 子 | 丑 | 寅 | 卯 | 辰 | 巳 | 午 | 未 | 申 | 酉 |
| 7 | 亥 | 子 | 丑 | 寅 | 卯 | 辰 | 巳 | 午 | 未 | 申 | 酉 | 戌 |
| 8 | 子 | 丑 | 寅 | 卯 | 辰 | 巳 | 午 | 未 | 申 | 酉 | 戌 | 亥 |
| 9 | 丑 | 寅 | 卯 | 辰 | 巳 | 午 | 未 | 申 | 酉 | 戌 | 亥 | 子 |
| 10 | 寅 | 卯 | 辰 | 巳 | 午 | 未 | 申 | 酉 | 戌 | 亥 | 子 | 丑 |
| 11 | 卯 | 辰 | 巳 | 午 | 未 | 申 | 酉 | 戌 | 亥 | 子 | 丑 | 寅 |
| 12 | 辰 | 巳 | 午 | 未 | 申 | 酉 | 戌 | 亥 | 子 | 丑 | 寅 | 卯 |

# 띠로 보는 길복운 도표(청년을 볼 때)

| 운<br>년 | 天驛 | 天文 | 天福 | 天貴 | 天權 | 天奸 | 天藝 | 天孤 | 天厄 | 天破 | 天刃 | 天壽 |
|---|---|---|---|---|---|---|---|---|---|---|---|---|
| 子 | 4월 | 5월 | 6월 | 7월 | 8월 | 9월 | 10월 | 11월 | 12월 | 1월 | 2월 | 3월 |
| 丑 | 5월 | 6월 | 7월 | 8월 | 9월 | 10월 | 11월 | 12월 | 1월 | 2월 | 3월 | 4월 |
| 寅 | 6월 | 7월 | 8월 | 9월 | 10월 | 11월 | 12월 | 1월 | 2월 | 3월 | 4월 | 5월 |
| 卯 | 7월 | 8월 | 9월 | 10월 | 11월 | 12월 | 1월 | 2월 | 3월 | 4월 | 5월 | 6월 |
| 辰 | 8월 | 9월 | 10월 | 11월 | 12월 | 1월 | 2월 | 3월 | 4월 | 5월 | 6월 | 7월 |
| 巳 | 9월 | 10월 | 11월 | 12월 | 1월 | 2월 | 3월 | 4월 | 5월 | 6월 | 7월 | 8월 |
| 午 | 10월 | 11월 | 12월 | 1월 | 2월 | 3월 | 4월 | 5월 | 6월 | 7월 | 8월 | 9월 |
| 未 | 11월 | 12월 | 1월 | 2월 | 3월 | 4월 | 5월 | 6월 | 7월 | 8월 | 9월 | 10월 |
| 申 | 12월 | 1월 | 2월 | 3월 | 4월 | 5월 | 6월 | 7월 | 8월 | 9월 | 10월 | 11월 |
| 酉 | 1월 | 2월 | 3월 | 4월 | 5월 | 6월 | 7월 | 8월 | 9월 | 10월 | 11월 | 12월 |
| 戌 | 2월 | 3월 | 4월 | 5월 | 6월 | 7월 | 8월 | 9월 | 10월 | 11월 | 12월 | 1월 |
| 亥 | 3월 | 4월 | 5월 | 6월 | 7월 | 8월 | 9월 | 10월 | 11월 | 12월 | 1월 | 2월 |

천덕입명 천신득복(天德入命 天神得福)

흉변길복 천우득복(凶變吉福 天佑得福)

명에 천역성에 임했으니 등과할 것이다.

관직에 올라 국록을 받으리라.

의식주가 풍족하며 지위에 오를 것이다.

입신 출세하여 이름을 얻으리라.

명에 천덕귀인이 임했으니 하늘이 도와주는 것이다.

하늘의 도움으로 흉이 길로 변할 것이다.

## 2 천문성(天文星)

천문입명 최상득복(天文入命 最上得福)

월덕입명 지신득복(月德入命 地神得福)

사방팔방 토신득복(四方八方 土神得福)

선조유덕 만사득복(先祖有德 萬事得福)

길사중중 경사득복(吉事重重 慶事得福)

천을입명 평생득복(天乙入命 平生得福)

명에 천문성이 임했으니 최상의 복을 누릴 것이다.

명에 월덕귀인이 임했으니 지신이 도와주리라.

사방팔방에서 토신이 도와줄 것이다.

선조의 덕으로 만사를 이룰 것이다.

좋은 일이 많으며 경사가 따를 것이다.

명에 천을귀인이 임했으니 평생 복을 누릴 것이다.

## 3. 천복성(天福星)

천복입명 만복득복(天福入命 萬福得福)

최고존귀 대길득복(最高尊貴 大吉得福)

일체잡귀 소멸득복(一切雜鬼 消滅得福)

문일지십 지혜득복(聞一知十 智慧得福)

등과급제 속성득복(登科及第 速成得福)

승진영광 앙시득복(昇進榮光 仰視得福)


명에 천복성이 임했으니 만복을 누릴 것이다.

매우 존귀해지며 대길하리라.

모든 잡귀가 소멸될 것이다.

하나를 들으면 열을 아는 지혜를 얻을 것이다.

등과급제하여 일찍 성공할 것이다.

승진하는 영광과 만인의 우러름을 받을 것이다.

## 4. 천귀성(天貴星)

천귀입명 부귀득복(天貴入命 富貴得福)

문창귀인 호학득복(文昌貴人 好學得福)

두뇌총명 문장득복(頭腦聰明 文章得福)

학문길연 학자득복(學文吉緣 學者得福)

천재득명 명진득복(天才得名 名振得福)

문곡귀인 학문득복(文曲貴人 學問得福)


명에 천귀성이 임했으니 부귀를 누릴 것이다.

문창귀인이 임했으니 학문을 좋아하리라.

두뇌가 총명하며 문장이 따를 것이다.

학문과 연연이 좋으니 학자가 되리라.

천재라는 소리를 들으며 이름을 날릴 것이다.

문곡귀인이 임했으니 학문으로 성공하리라.


## 5. 천권성(天權星)

천권입명 출세득복(天權入命 出世得福)

두뇌총명 명진득복(頭腦聰明 名振得福)

모사총명 제성득복(謀事聰明 諸成得福)

귀인내조 득명득복(貴人來助 得名得福)

학문길연 등과득복(學文吉緣 登科得福)

서책친근 독파득복(書冊親近 讀破得福)


명에 천권성이 임했으니 출세할 것이다.

두뇌가 총명하며 명예를 얻으리라.

총명하며 일을 잘 도모하니 만사를 이룰 것이다.

귀인의 도움으로 이름을 얻으리라.

학문과 인연이 좋으며 등과할 것이다.

책과 가까이 지내며 독서를 좋아하리라.


## 6. 천간성(天奸星)


천간입명 출세득복(天奸入命 出世得福)

귀인상봉 출세득복(貴人相逢 出世得福)

익우내조 양명득복(益友來助 揚名得福)

인화길연 평생득복(人和吉緣 平生得福)

가정원화 만사득복(家庭圓和 萬事得福)

암록내조 음덕득복(暗祿來助 陰德得福)

명에 천간성이 임했으니 출세할 것이다.

귀인의 도움으로 출세하리라.

좋은 친구의 도움으로 명예를 얻을 것이다.

좋은 인연을 만나 잘 지내니 평생 복을 받을 것이다.

가정이 화목하며 만사를 이룰 것이다.
암록이 임했으니 음덕이 많으리라.

## 7. 천예성(天藝星)

천예입명 지혜득복(天藝入命 智慧得福)
위난지중 피은득복(危難之中 被恩得福)
천성후덕 인자득복(天性厚德 仁慈得福)
예성내조 명진득복(藝星來助 名振得福)
계획적중 성공득복(計劃適中 成功得福)
도모적합 순성득복(圖謀適合 順成得福)

명에 천간성이 임했으니 지혜가 많을 것이다.
어려움에 처해도 은혜를 입으리라.
천성이 후덕하며 성품이 인자하다.
예술의 별이 도와주니 이름을 날리리라.
계획을 잘 세우니 모든 일에 성공하리라.
도모하는 일이 적합하니 만사가 순조로우리라.

## 8. 천고성(天孤星)

천고입명 화근득복(天孤入命 禍根得福)

진행무난 성공득복(進行無難 成功得福)

천사입명 소멸득복(天赦入命 消滅得福)

신명가호 무량득복(神明加護 無量得福)

흉변길복 대복득복(凶變吉福 大福得福)

수옥사면 복권득복(囚獄赦免 復權得福)


명에 천간성이 임했으니 화근이 해결될 것이다.

하는 일이 무난하게 성공하리라.

명에 천사성에 임했으니 업장이 소멸될 것이다.

신명이 보살펴주니 은덕이 끝이 없으리라.

흉이 길복으로 변하며 큰 복을 받을 것이다.

감옥에 들어가도 사면되고 복권되리라.


## 9. 천액성(天厄星)


천액입명 인화득복(天厄入命 人和得福)

형제화합 성가득복(兄弟和合 成家得福)

정교자손 번영득복(正教子孫 繁榮得福)

정도견수 지혜득복(正道堅守 智慧得福)

재물적선 적덕득복(財物積善 積德得福)

활인구제 중생득복(活人救濟 衆生得福)

명에 천액성이 임했으니 사람들과 잘 지낼 것이다.

형제가 화합하며 좋은 가정을 이루리라.

자손을 바르게 교육하니 집안이 번영할 것이다.

정도를 굳게 지키며 지혜가 많으리라.

재물을 선하게 벌어 많은 덕을 쌓을 것이다.

다른 사람을 구제하며 중생을 제도하리라.

## 10. 천파성(天破星)

천파입명 지위득복(天破入命 地位得福)

선정공덕 집권득복(善政功德 執權得福)

애국보민 충신득복(愛國保民 忠臣得福)

효도공덕 명가득복(孝道功德 名家得福)

공양공덕 번영득복(供養功德 繁榮得福)

오복구비 부귀득복(五福具備 富貴得福)


명에 천파성이 임했으니 높은 지위에 오를 것이다.

선정과 공덕으로 권력을 잡으리라.

나라를 사랑하고 백성을 보호하는 충신이 될 것이다.

효도와 덕을 쌓아 집안을 명문가로 만들 것이다.

공양과 공덕으로 번영하리라.

오복을 모두 갖추며 부귀를 누릴 것이다.

## 11. 천인성(天刃星)

천인입명 오복득복(天刃入命 五福得福)

인의자비 도리득복(仁義慈悲 道理得福)

덕담공덕 예의득복(德談功德 禮儀得福)

찬미공덕 구제득복(讚美功德 救濟得福)

재물적선 제도득복(財物積善 濟度得福)

오복구비 장수득복(五福具備 長壽得福)


명에 천인성이 임했으니 오복을 누릴 것이다.

인의와 자비를 베풀며 도리를 지키리라.

덕담과 공덕을 쌓고 예의가 바를 것이다.

칭찬을 잘 하며 중생을 구제하리라.

재물로 선덕을 쌓아 중생을 제도할 것이다.

오복을 모두 누리며 장수하리라.


## 12. 천수성(天壽星)

천수입명 수명득복(天壽入命 壽命得福)

활인공덕 정의득복(活人功德 正義得福)

보민공덕 애국득복(保民功德 愛國得福)

정숙공덕 지혜득복(貞淑功德 智慧得福)

순결공덕 성가득복(純潔功德 成家得福)
오복구비 건강득복(五福具備 健康得福)

명에 천수성이 임했으니 장수할 것이다.
활인공덕을 쌓으며 정의가 있으리라.
국민을 보호하며 나라를 사랑할 것이다.
정숙하며 지혜로우리라.
순결을 지키며 집안을 이루리라.
오복을 모두 누리며 건강할 것이다.

# 9. 건강운

사람은 우선 건강해야 출세도 하고 성공도 하면서 행복하게 살 수 있다. 그러나 건강도 팔자에 타고나야 하고, 건강운을 알아야 대처할 수도 있다. 건강운은 초년·청년·중년·말년 4단계로 나누어서 본다.

① 초년(1세~20세)의 건강운은 생월(生月)을 기준으로 생년(生年)을 대조해서 본다.

② 청년(21세~40세)의 건강운은 생년(生年)을 기준으로 생월(生月)을 대조해서 본다(따로 보는 건강운 도표 참고).

③ 중년(41세~60세)의 건강운은 생월(生月)을 기준으로 생일(生日)을 대조해서 본다.

④ 말년(61세~)의 건강운은 생월(生月)을 기준으로 생시(生時)를 대조해서 본다.

## 1. 천역성(天驛星)

건강역성 동분서주(健康驛星 東奔西走)
재가득병 출즉건강(在家得病 出則健康)
심중유고 세사부운(心中有苦 世事浮雲)
건강평범 의식만족(健康平凡 衣食滿足)
섭생지성 안심입명(攝生至誠 安心立命)
건강평운 반길반흉(健康平運 半吉半凶)

건강운이 천역성에 해당하니 건강 때문에 동분서주할 것이다.
집에 있으면 아프고 나가면 건강하리라.
마음속에 괴로움이 있으니 세상사가 뜬구름 같을 것이다.
건강운은 평범하며 의식주도 만족할 것이다.
섭생에 정성을 들이면 수명은 지킬 수 있다.
건강운이 평범하니 반은 길하고 반은 흉하다.

## 2. 천문성(天文星)

건강문성 지모건강(健康文星 智謀健康)

## 건강운 도표(초년, 중년, 말년을 볼 때)

| 운<br>월 | 天驛 | 天文 | 天福 | 天貴 | 天權 | 天奸 | 天藝 | 天孤 | 天厄 | 天破 | 天刃 | 天壽 |
|---|---|---|---|---|---|---|---|---|---|---|---|---|
| 1 | 巳 | 午 | 未 | 申 | 酉 | 戌 | 亥 | 子 | 丑 | 寅 | 卯 | 辰 |
| 2 | 午 | 未 | 申 | 酉 | 戌 | 亥 | 子 | 丑 | 寅 | 卯 | 辰 | 巳 |
| 3 | 未 | 申 | 酉 | 戌 | 亥 | 子 | 丑 | 寅 | 卯 | 辰 | 巳 | 午 |
| 4 | 申 | 酉 | 戌 | 亥 | 子 | 丑 | 寅 | 卯 | 辰 | 巳 | 午 | 未 |
| 5 | 酉 | 戌 | 亥 | 子 | 丑 | 寅 | 卯 | 辰 | 巳 | 午 | 未 | 申 |
| 6 | 戌 | 亥 | 子 | 丑 | 寅 | 卯 | 辰 | 巳 | 午 | 未 | 申 | 酉 |
| 7 | 亥 | 子 | 丑 | 寅 | 卯 | 辰 | 巳 | 午 | 未 | 申 | 酉 | 戌 |
| 8 | 子 | 丑 | 寅 | 卯 | 辰 | 巳 | 午 | 未 | 申 | 酉 | 戌 | 亥 |
| 9 | 丑 | 寅 | 卯 | 辰 | 巳 | 午 | 未 | 申 | 酉 | 戌 | 亥 | 子 |
| 10 | 寅 | 卯 | 辰 | 巳 | 午 | 未 | 申 | 酉 | 戌 | 亥 | 子 | 丑 |
| 11 | 卯 | 辰 | 巳 | 午 | 未 | 申 | 酉 | 戌 | 亥 | 子 | 丑 | 寅 |
| 12 | 辰 | 巳 | 午 | 未 | 申 | 酉 | 戌 | 亥 | 子 | 丑 | 寅 | 卯 |

# 띠로 보는 건강운 도표(청년을 볼 때)

| 운<br>년 | 天驛 | 天文 | 天福 | 天貴 | 天權 | 天奸 | 天藝 | 天孤 | 天厄 | 天破 | 天刃 | 天壽 |
|---|---|---|---|---|---|---|---|---|---|---|---|---|
| 子 | 4월 | 5월 | 6월 | 7월 | 8월 | 9월 | 10월 | 11월 | 12월 | 1월 | 2월 | 3월 |
| 丑 | 5월 | 6월 | 7월 | 8월 | 9월 | 10월 | 11월 | 12월 | 1월 | 2월 | 3월 | 4월 |
| 寅 | 6월 | 7월 | 8월 | 9월 | 10월 | 11월 | 12월 | 1월 | 2월 | 3월 | 4월 | 5월 |
| 卯 | 7월 | 8월 | 9월 | 10월 | 11월 | 12월 | 1월 | 2월 | 3월 | 4월 | 5월 | 6월 |
| 辰 | 8월 | 9월 | 10월 | 11월 | 12월 | 1월 | 2월 | 3월 | 4월 | 5월 | 6월 | 7월 |
| 巳 | 9월 | 10월 | 11월 | 12월 | 1월 | 2월 | 3월 | 4월 | 5월 | 6월 | 7월 | 8월 |
| 午 | 10월 | 11월 | 12월 | 1월 | 2월 | 3월 | 4월 | 5월 | 6월 | 7월 | 8월 | 9월 |
| 未 | 11월 | 12월 | 1월 | 2월 | 3월 | 4월 | 5월 | 6월 | 7월 | 8월 | 9월 | 10월 |
| 申 | 12월 | 1월 | 2월 | 3월 | 4월 | 5월 | 6월 | 7월 | 8월 | 9월 | 10월 | 11월 |
| 酉 | 1월 | 2월 | 3월 | 4월 | 5월 | 6월 | 7월 | 8월 | 9월 | 10월 | 11월 | 12월 |
| 戌 | 2월 | 3월 | 4월 | 5월 | 6월 | 7월 | 8월 | 9월 | 10월 | 11월 | 12월 | 1월 |
| 亥 | 3월 | 4월 | 5월 | 6월 | 7월 | 8월 | 9월 | 10월 | 11월 | 12월 | 1월 | 2월 |

약근학문 건강출세(若勤學問 健康出世)

약불학문 다고심신(若不學問 多苦心身)

건강무난 명예발전(健康無難 名譽發展)

섭생지성 장수입명(攝生至誠 長壽立命)

건강희신 사방내조(健康喜神 四方來助)


건강운이 천문성에 해당하니 지모로 건강을 지킬 것이다.

만약 학문에 근면하면 건강과 출세가 따르리라.

그러나 학문에 나태하면 심신의 고통이 많을 것이다.

건강에 문제가 없으면 명예가 발전할 것이다.

섭생에 정성을 들이면 편안하게 장수할 수 것이다.

건강운이 희신에 해당하니 사방에서 도와줄 것이다.


## 3. 천복성(天福星)


건강복성 인건다복(健康福星 因健多福)

총명다재 건강양호(聰明多才 健康良好)

귀인내조 매사여의(貴人來助 每事如意)

건강다복 희락양호(健康多福 喜樂良好)

섭생지성 안심장수(攝生至誠 安心長壽)

건강용신 재물양호(健康用神 財物良好)

건강운이 천복성에 해당하니 건강 때문에 복을 많을 받을 것이다.

총명하며 재주가 많고 매우 건강하리라.

귀인이 찾아와 도와주니 만사가 순조로울 것이다.

건강하며 복이 많으니 즐겁고 기쁘다.

섭생에 정성을 들이면 편안하게 장수할 수 있다.

건강운이 용신에 해당하니 재물도 좋을 것이다.

## 4. 천귀성(天貴星)

건강귀성 건권양득(健康貴星 健權兩得)

언어충직 소유고집(言語忠直 少有固執)

귀인내조 건강성공(貴人來助 健康成功)

건강대길 만인앙시(健康大吉 萬人仰視)

섭생지성 건강입명(攝生至誠 健康立命)

건강용신 건강무병(健康用神 健康無病)

건강운이 천귀성에 해당하니 건강과 권력이 모두 따를 것이다.

언어가 충직하나 고집이 약간 있으리라.

귀인이 도와주니 건강과 성공이 따를 것이다.

건강운이 대길하며 만인의 부러움을 받을 것이다.

섭생에 정성을 들이면 건강하게 명을 보존할 수 있다.

건강운이 용신에 해당하니 건강하며 병에 걸리지 않을 것이다.

## 5. 천권성(天權星)

건강권성 인건득권(健康權星 因健得權)

위인준수 총명다재(爲人俊秀 聰明多才)

약근건강 건관양득(若勤健康 健官兩得)

인건득권 명진사해(因健得權 名振四海)

섭생지성 건강입명(攝生至誠 健康立命)

건강용신 인건명진(健康用神 因健名振)

건강운이 천권성에 해당하니 건강으로 인하여 권세를 얻을 것이다.

준수하며 총명하고 재능이 많으리라.

만약 건강을 잘 관리하면 건강과 관직을 모두 얻을 것이다.

또 건강으로 인하여 권세를 얻고 이름을 떨치리라.

섭생에 정성을 들이면 건강하게 수명을 지킬 수 있다.

건강운이 용신에 해당하니 건강으로 인하여 이름을 얻으리라.

## 6. 천간성(天奸星)

건강간성 지모건강(健康奸星 智謀健康)

능유능강 변화무궁(能柔能强 變化無窮)

지재성공 명진사방(智才成功 名振四方)

건강소길 소병감수(健康小吉 小病甘受)

섭생지성 건강생활(攝生至誠 健康生活)

건강희신 도처건강(健康喜神 到處健康)


건강운이 천간성에 해당하니 지모로 건강을 잘 지킬 것이다.

유순하며 강하고 변화가 무궁하리라.

지혜와 재능으로 성공해 사방에 이름을 떨칠 것이다.

건강운이 소길하니 작은 병은 감사히 받아들여라.

섭생에 정성을 들이면 건강하게 살 수 있다.

건강운이 희신에 해당하니 어디에 있어도 건강할 것이다.


## 7. 천예성(天藝星)


건강예성 인예건강(健康藝星 因藝健康)

수기다능 일취월장(手技多能 日就月將)

소리만족 평안세월(小利滿足 平安歲月)

건강평범 섭생최길(健康平凡 攝生最吉)

섭생지성 건강생활(攝生至誠 健康生活)

건강한신 반길반흉(健康閑神 半吉半凶)


건강운이 천예성에 해당하니 예능으로 인하여 건강할 것이다.

손재주가 많고 나날이 발전하리라.

작은 이익에 만족하면 평안하게 살 수 있다.

건강운이 평범하니 섭생을 잘 하는 것이 가장 중요하다.

섭생에 정성을 들이면 건강하게 살 수 있다.

건강운이 한신에 해당하니 반은 길하고 반은 흉하다.

## 8. 천고성(天孤星)

건강고성 인건고독(健康孤星 因健孤獨)

사고무친 인덕부족(四顧無親 人德不足)

약비풍상 병고수다(若非風霜 病苦數多)

건강불량 경계질병(健康不良 警戒疾病)

섭생지성 건강생활(攝生至誠 健康生活)

소리만족 안심입명(小利滿足 安心立命)


건강운이 천고성에 해당하니 건강으로 인하여 고독할 것이다.

사방을 돌아봐도 도와줄 사람이 없고 인덕도 없다.

만약 풍상이 없으면 질병의 고통이 많이 따를 것이다.

건강운이 좋지 않으니 항상 질병을 조심해야 한다.

그러나 섭생에 정성을 들이면 건강하게 살 수 있다.

작은 이익에 만족하면 수명을 지킬 수 있다.

## 9. 천액성(天厄星)

건강심란 인건득병(健康甚亂 因健得病)

독립대흉 고용유리(獨立大凶 雇用有利)

조업난수 신약병약(祖業難守 身弱病弱)

건강득병 투병재소(健康得病 鬪病財消)

섭생지성 수명연장(攝生至誠 壽命延長)

건강관리 지극정성(健康管理 至極精誠)


건강운이 천액성에 해당하니 질병에 잘 걸릴 것이다.

독립하면 매우 흉하고 봉급생활자이면 유리하다.

조상의 업을 지키기 어렵고 몸이 병약하리라.

병을 얻으면 투병하다 재물을 잃을 것이다.

그러나 섭생에 정성을 들이면 수명은 연장할 수 있다.

건강관리에 정성을 들여라.


## 10. 천파성(天破星)

건강파성 인건득흉(健康破星 因健得凶)

독립대흉 고용유리(獨立大凶 雇用有利)

수유세업 인병다손(雖有世業 因病多損)

투병생활 극빈연명(鬪病生活 極貧延命)

섭생지성 건강생활(攝生至誠 健康生活)

독립불리 고용최길(獨立不利 雇用最吉)

건강운이 천파성에 해당하니 건강 때문에 흉한 일이 생길 것이다.

독립하면 매우 흉하고 봉급생활자이면 유리하다.

유산은 있으나 병을 치료하느라 다 나가리라.

투병생활로 매우 가난해지며 겨우 목숨을 연명하리라.

그러나 섭생에 정성을 들이면 건강하게 살 수 있다.

독립하면 불리하니 봉급생활자가 되는 것이 가장 좋다.

## 11. 천인성(天刃星)

건강인성 인건고전(健康刃星 因健苦戰)

약비신액 입산승도(若非身厄 入山僧道)

독립대흉 고용유리(獨立大凶 雇用有利)

투병극빈 유랑연명(鬪病極貧 流浪延命)

섭생지성 건강생활(攝生至誠 健康生活)

독립불리 고용최길(獨立不利 雇用最吉)

건강운이 천인성에 해당하니 건강 때문에 고전할 것이다.

만약 몸에 병이 따르지 않으면 입산하여 승도가 되리라.

독립하면 매우 흉하고 봉급생활자이면 유리하다.

투병생활로 유랑하며 겨우 목숨을 연명하리라.

그러나 섭생에 정성을 들이면 건강하게 살 수 있다.

독립하면 불리하니 봉급생활자가 되는 것이 가장 좋다.

## 12. 천수성(天壽星)

건강수성 인건봉위(健康壽星 因健逢危)

사고무친 인덕부족(四顧無親 人德不足)

건강불량 경계질병(健康不良 警戒疾病)

약득건강 사고예방(若得健康 事故豫防)

섭생지성 건강생활(攝生至誠 健康生活)

소리만족 안심입명(小利滿足 安心立命)

건강운이 천수성에 해당하니 질병 때문에 위태로워질 것이다.

사방에 도와줄 사람이 하나도 없고 인덕이 없다.

건강이 좋지 않으니 항상 질병을 경계하라.

만약 건강하면 사고를 당할 수 있으니 조심하라.

그러나 섭생에 정성을 들이면 건강하게 살 수 있다.

작은 이익에 만족하면 수명은 지킬 수 있다.

# 10. 수명운

사람의 수명은 하늘이 정해주는 것이나 어떻게 관리하느냐에 따라 달라질 수도 있다. 수명운은 생월(生月)을 기준으로 생시(生時)를 대조해서 본다. 예를 들어 천역성에 해당하면 타고난 천수는 75세다. 그러나 사고를 당하면 15세에 단명할 수도 있고, 선덕을 쌓으면 85세까지도 살 수 있다.

## 1. 천역성(天驛星)

천역입명 역마분주(天驛入命 驛馬奔走)
형제각각 동분서주(兄弟各各 東奔西走)
선쟁후화 인내최길(先爭後和 忍耐最吉)
임종평범 반길반흉(臨終平凡 半吉半凶)
고진감래 인내최길(苦盡甘來 忍耐最吉)
칠십오세 십년연장(七十五歲 十年延長)

수명운이 천역성에 해당하니 죽을 때까지 분주할 것이다.
형제들도 각자 동분서주하리라.
먼저는 다투고 나중에는 화합하니 참고 또 참아라.
임종운은 평범하니 절반은 길하고 절반은 흉하다.
고생 끝에 낙이 오는 법이니 참고 또 참아라.

75세가 타고난 천수이나 수양하면 10년은 연장할 수 있다.


## 2. 천문성(天文星)


천문입명 임종학문(天文入命 臨終學問)

임종호학 문창내조(臨終好學 文昌來助)

화다쟁소 호학지덕(和多爭少 好學之德)

화락평상 임종희락(和樂平常 臨終喜樂)

임종평안 이심전심(臨終平安 以心傳心)

팔십천수 십년연장(八十天壽 十年延長)


수명운이 천문성에 해당하니 죽을 때까지 학문을 할 것이다.

문창귀인이 임했으니 임종할 때까지 학문을 좋아하리라.

화합을 잘 하고 언쟁은 적은 것은 학문을 좋아하기 때문이다.

평소에도 화락하고 임종 때도 희락하리라.

임종운은 평안하며 마음이 잘 통할 것이다.

80세가 타고난 천수이나 선덕을 쌓으면 10년은 연장할 수 있다.


## 3. 천복성(天福星)


천복입명 임종다복(天福入命 臨終多福)

복성내림 오복구비(福星來臨 五福具備)

# 수명운 도표

| 운 \ 월 | 天驛 | 天文 | 天福 | 天貴 | 天權 | 天奸 | 天藝 | 天孤 | 天厄 | 天破 | 天刃 | 天壽 |
|---|---|---|---|---|---|---|---|---|---|---|---|---|
| 1 | 巳 | 午 | 未 | 申 | 酉 | 戌 | 亥 | 子 | 丑 | 寅 | 卯 | 辰 |
| 2 | 午 | 未 | 申 | 酉 | 戌 | 亥 | 子 | 丑 | 寅 | 卯 | 辰 | 巳 |
| 3 | 未 | 申 | 酉 | 戌 | 亥 | 子 | 丑 | 寅 | 卯 | 辰 | 巳 | 午 |
| 4 | 申 | 酉 | 戌 | 亥 | 子 | 丑 | 寅 | 卯 | 辰 | 巳 | 午 | 未 |
| 5 | 酉 | 戌 | 亥 | 子 | 丑 | 寅 | 卯 | 辰 | 巳 | 午 | 未 | 申 |
| 6 | 戌 | 亥 | 子 | 丑 | 寅 | 卯 | 辰 | 巳 | 午 | 未 | 申 | 酉 |
| 7 | 亥 | 子 | 丑 | 寅 | 卯 | 辰 | 巳 | 午 | 未 | 申 | 酉 | 戌 |
| 8 | 子 | 丑 | 寅 | 卯 | 辰 | 巳 | 午 | 未 | 申 | 酉 | 戌 | 亥 |
| 9 | 丑 | 寅 | 卯 | 辰 | 巳 | 午 | 未 | 申 | 酉 | 戌 | 亥 | 子 |
| 10 | 寅 | 卯 | 辰 | 巳 | 午 | 未 | 申 | 酉 | 戌 | 亥 | 子 | 丑 |
| 11 | 卯 | 辰 | 巳 | 午 | 未 | 申 | 酉 | 戌 | 亥 | 子 | 丑 | 寅 |
| 12 | 辰 | 巳 | 午 | 未 | 申 | 酉 | 戌 | 亥 | 子 | 丑 | 寅 | 卯 |

## 출생시 도표

| 子時 | 丑時 | 寅時 | 卯時 | 辰時 | 巳時 | 午時 | 未時 | 申時 | 酉時 | 戌時 | 亥時 |
|---|---|---|---|---|---|---|---|---|---|---|---|
| 23~01 | 01~03 | 03~05 | 05~07 | 07~09 | 09~11 | 11~13 | 13~15 | 15~17 | 17~19 | 19~21 | 21~23 |

## 수명운 도표

| 운<br>수명 | 天驛 | 天文 | 天福 | 天貴 | 天權 | 天奸 | 天藝 | 天孤 | 天厄 | 天破 | 天刃 | 天壽 |
|---|---|---|---|---|---|---|---|---|---|---|---|---|
| 천수 | 75세 | 80세 | 85세 | 90세 | 85세 | 80세 | 75세 | 70세 | 65세 | 60세 | 65세 | 70세 |
| 단명 | 15세 | 20세 | 25세 | 30세 | 25세 | 20세 | 15세 | 10세 | 5세 | 1세 | 5세 | 10세 |
| 장수 | 85세 | 90세 | 95세 | 100세 | 95세 | 90세 | 85세 | 80세 | 75세 | 70세 | 75세 | 80세 |

일심평안 임종행복(一心平安 臨終幸福)

임종상생 호상종명(臨終相生 好喪終命)

상신상의 제사순성(相信相依 諸事順成)

팔십오수 십년연장(八十五壽 十年延長)


수명운이 천복성에 해당하니 죽을 때까지 복이 많을 것이다.

천복성이 임했으니 오복을 모두 갖추리라.

마음이 평안하니 임종 때까지 행복하게 살 것이다.

임종이 상생하는 운이니 호상이 될 것이다.

서로 믿고 의지하며 만사가 순조로우리라.

85세가 타고난 천수이나 수양하면 10년은 연장할 수 있다.

## 4. 천귀성(天貴星)

천귀입명 임종귀인(天貴入命 臨終貴人)

귀성내림 오복구비(貴星來臨 五福具備)

상부상조 만사형통(相扶相助 萬事亨通)

임종대길 호상부귀(臨終大吉 好喪富貴)

제인내조 최길임종(諸人來助 最吉臨終)

구십천수 십년연장(九十天壽 十年延長)


수명운이 천귀성에 해당하니 죽을 때까지 귀인이 임할 것이다.

귀인이 임했으니 오복을 모두 갖추리라.

상부상조하며 만사가 형통할 것이다.

임종운이 대길하니 부귀를 누리다 호상을 맞으리라.

많은 사람들의 도움을 받으며 매우 좋은 임종을 맞을 것이다.

90세가 타고난 천수이나 수양하면 10년은 연장할 수 있다.


## 5. 천권성(天權星)

천권입명 임종득권(天權入命 臨終得權)

권운내림 임종명진(權運來臨 臨終名振)

관운충만 명진사해(官運充滿 名振四海)

임종만족 마장불침(臨終滿足 魔障不侵)

귀인동주 만인앙시(貴人同舟 萬人仰視)

팔십오세 십년연장(八十五歲 十年延長)


수명운이 천권성에 해당하니 죽을 때까지 권력을 누릴 것이다.

권세의 별이 임했으니 죽을 때까지 명예를 떨치리라.

또 관운이 충만하니 사방에 명예를 날리리라.

임종운이 매우 좋으니 마장이 침범하지 못할 것이다.

귀인과 같은 배를 형상이니 만인의 우러름을 받으리라.

85세가 타고난 천수이나 수양하면 10년은 연장할 수 있다.


## 6. 천간성(天奸星)


천간입명 임종다지(天奸入命 臨終多智)

다득소실 감소예방(多得少失 減少豫防)

다정화순 길중소흉(多情和順 吉中小凶)

돈인유리 주색불리(敦仁有利 酒色不利)

다길소흉 길복임종(多吉少凶 吉福臨終)

팔십천수 십년연장(八十天壽 十年延長)


수명운이 천간성에 해당하니 죽을 때까지 지혜가 많을 것이다.

얻는 것이 많으나 잃는 것도 있으니 미리 방지하는 것이 좋다.

다정하고 화순하며 길하나 흉함이 따를 수도 있다.

돈독하고 인내하면 유리하나 주색을 좋아하면 불리하다.

길함이 많고 흉함은 적으니 임종운은 대체로 좋은 편이다.

타고난 천수는 80세이나 수양하면 10년은 연장할 수 있다.


## 7. 천예성(天藝星)


천예입명 임종예인(天藝入命 臨終藝人)

예성내림 풍류임종(藝星來臨 風流臨終)

임종직전 의견차이(臨終直前 意見差異)

임종반길 상속언쟁(臨終半吉 相續言爭)

정신수양 화평최길(精神修養 和平最吉)

칠십오세 십년연장(七十五歲 十年延長)


수명운이 천예성에 해당하니 죽을 때까지 예술을 할 것이다.

예술의 별이 임했으니 죽을 때까지 풍류를 즐기리라.

임종 직전에 사람들과 의견에 차이가 생길 수도 있다.

임종운은 반길하며 상속문제로 언쟁이 따를 수 있으니 조심하라.

정신을 수양하며 화평한 마음을 갖는 것이 가장 좋다.

타고난 천수는 75세이나 선덕을 쌓으면 10년은 연장할 수 있다.

## 8. 천고성(天孤星)

천고입명 임종고독(天孤入命 臨終孤獨)

퇴성내림 가정풍파(退星來臨 家庭風波)

독수공방 고안독비(獨守空房 孤雁獨飛)

임종적막 야중비누(臨終寂寞 夜中悲淚)

임종고독 수양요망(臨終孤獨 修養要望)

칠십천수 십년연장(七十天壽 十年延長)


수명운이 천고성에 해당하니 죽을 때까지 고독할 것이다.

후퇴하는 별이 임했으니 가정에 풍파가 따르리라.

독수공방하며 홀로 날아가는 기러기처럼 고독하리라.

임종운이 적막하니 밤중에 홀로 눈물을 흘릴까 염려된다.

임종운이 고독하니 평소에 수양을 많이 하는 것이 좋다.

타고난 천수는 70세이나 선덕을 쌓으면 10년은 연장할 수 있다.


## 9. 천액성(天厄星)

천액입명 임종병사(天厄入命 臨終病死)

투병생활 치료다고(鬪病生活 治療多苦)

임종상극 언행충돌(臨終相剋 言行衝突)

전생원수 임종상봉(前生怨讐 臨終相逢)

임종신앙 수양최길(臨終信仰 修養最吉)

육십오세 십년연장(六十五歲 十年延長)


수명운이 천액성에 해당하니 죽을 때까지 병에 시달릴 것이다.

병과 싸우며 치료하느라 수고가 많으리라.

임종운이 상극하는 운이니 언행의 충돌이 따를 것이다.

임종운에 전생의 원수를 만난 격이니 피할 수가 없구나.

임종할 때 신앙을 갖고 수양하는 것이 가장 길하다.

65세가 타고난 천수이나 선덕을 쌓으면 10년은 연장할 수 있다.


## 10. 천파성(天破星)


천파입명 혈광사종(天破入命 血光死終)

임종상극 악연상봉(臨終相剋 惡緣相逢)

원수상봉 낭패난면(怨讐相逢 狼狽難免)

전생악연 고도상봉(前生惡緣 孤道相逢)

화평일심 천지해원(和平一心 天地解怨)

육십천수 십년연장(六十天壽 十年延長)


수명운이 천파성에 해당하니 피를 흘리는 사고로 죽을 것이다.

임종운이 상극하는 운이니 악연을 만난 고전하리라.

원수를 만난 격이니 낭패를 면하기 어렵다.

전생의 악연을 외길에서 만난 형상이다.

화평한 마음과 천지를 해원하는 마음으로 임종을 맞아라.

60세가 타고난 천수이나 선덕을 쌓으면 10년은 연장할 수 있다.

## 11. 천인성(天刃星)

천인입명 임종흉사(天刃入命 臨終凶死)

고성침래 고난불리(苦星侵來 苦難不離)

임종인증 난친타인(臨終人憎 難親他人)

업장불소 임종봉액(業障不消 臨終逢厄)

약임적선 임종평안(若臨積善 臨終平安)

육십오세 십년연장(六十五歲 十年延長)


수명운이 천인성에 해당하니 흉하게 죽을 것이다.

고통의 별이 침범했으니 고난을 피하기 어렵구나.

임종할 때 사람들을 미워하며 가까이 지내기 어려울 것이다.

업장이 아직 소멸되지 않아 임종 때 액을 만나는 것이다.

그러나 선덕을 많이 쌓으면 평안한 임종을 맞이하리라.

65세가 타고난 천수이나 수양하면 10년은 연장할 수 있다.

## 12. 천수성(天壽星)

천수입명 임종안심(天壽入命 臨終安心)

업장불소 연속적공(業障不消 連續積功)

일편단심 적선최길(一片丹心 積善最吉)

고진감래 전화위복(苦盡甘來 轉禍爲福)

영생준비 만사형통(永生準備 萬事亨通)

칠십천수 십년연장(七十天壽 十年延長)


수명운이 천수성에 해당하니 죽을 때까지 편안할 것이다.

그러나 아직 업장이 남아 있으니 공덕을 더 쌓아라.

일편단심과 선덕을 쌓는 것이 최선이다.

고생 끝에 낙이 오고 화가 복으로 변할 수 있으니 노력하라.

생선에 영생준비를 잘 해야 만사가 형통하리라.

70세가 타고난 천수이나 수양하면 10년은 연장할 수 있다.

# 제2장. 후천운(後天運)

후천운은 선천운과 달리 자신의 노력으로 운명을 만드는 것을 말한다. 따라서 선천운이 비록 흉하더라도 열심히 노력하면 충분히 만회할 수 있으니 후천운을 잘 살펴 흉운을 피하고 길운을 찾는다면 화가 복으로 변할 수 있다.

후천운은 나를 기준으로 상대방과 어떤 관계인가를 보는 것으로 부모·형제·배우자·자녀·친구·동업자 등을 본다. 친구나 동업자를 만날 때도 나쁜 인연은 피하고 좋은 인연만 만나 교류하면 문제가 없으나 나쁜 인연인데도 부득이 함께 해야 할 때가 있다. 그럴 때 상대방을 잘 파악해서 대처한다면 좋은 관계가 될 수도 있다.

# 1. 부모운

사람은 누구나 부모의 영향을 많이 받고, 부모운은 내 운의 바탕이 되기 때문에 매우 중요하다. 다행히 부모와 인연이 좋으면 부모의 도움을 많이 받을 수 있는데 특히 초년에는 더 중요하다. 그러나 부모와 인연이 좋지 않으면 서로 짐이 되어 괴로운 관계가 될 수도 있다.

부생아신(父生我身) 모국오신(母鞠吾身)이라는 말이 있다. 아버지께서는 나를 낳아주시고 어머니께서는 나를 길러주신다는 뜻이다. 욕보기덕(欲報其德) 호천망극(昊天罔極)이라는 말도 있다. 부모의 은덕은 크고 넓은 하늘처럼 끝이 없다는 뜻이다. 아무리 인연이 나빠도 천륜이라는 부모와 자식의 관계는 저버릴 수 없는 것이니 현명한 방법을 찾아 슬기롭게 대처해야 한다.

부모운을 보는 방법은 아래의 도표를 참고한다. 예를 들어 1월생인데 아버지가 6월생이면 아버지가 천복성(天福星)에 해당하므로 아버지의 덕을 많이 보는 관계가 된다. 또 1월생인데 어머니가 12월생이면 어머니가 천액성(天厄星)에 해당하므로 병고에 시달리는 어머니를 간호해야 하는 관계가 된다.

# 부모운 도표

| 운<br>월 | 天驛 | 天文 | 天福 | 天貴 | 天權 | 天奸 | 天藝 | 天孤 | 天厄 | 天破 | 天刃 | 天壽 |
|---|---|---|---|---|---|---|---|---|---|---|---|---|
| 1 | 巳 | 午 | 未 | 申 | 酉 | 戌 | 亥 | 子 | 丑 | 寅 | 卯 | 辰 |
| 2 | 午 | 未 | 申 | 酉 | 戌 | 亥 | 子 | 丑 | 寅 | 卯 | 辰 | 巳 |
| 3 | 未 | 申 | 酉 | 戌 | 亥 | 子 | 丑 | 寅 | 卯 | 辰 | 巳 | 午 |
| 4 | 申 | 酉 | 戌 | 亥 | 子 | 丑 | 寅 | 卯 | 辰 | 巳 | 午 | 未 |
| 5 | 酉 | 戌 | 亥 | 子 | 丑 | 寅 | 卯 | 辰 | 巳 | 午 | 未 | 申 |
| 6 | 戌 | 亥 | 子 | 丑 | 寅 | 卯 | 辰 | 巳 | 午 | 未 | 申 | 酉 |
| 7 | 亥 | 子 | 丑 | 寅 | 卯 | 辰 | 巳 | 午 | 未 | 申 | 酉 | 戌 |
| 8 | 子 | 丑 | 寅 | 卯 | 辰 | 巳 | 午 | 未 | 申 | 酉 | 戌 | 亥 |
| 9 | 丑 | 寅 | 卯 | 辰 | 巳 | 午 | 未 | 申 | 酉 | 戌 | 亥 | 子 |
| 10 | 寅 | 卯 | 辰 | 巳 | 午 | 未 | 申 | 酉 | 戌 | 亥 | 子 | 丑 |
| 11 | 卯 | 辰 | 巳 | 午 | 未 | 申 | 酉 | 戌 | 亥 | 子 | 丑 | 寅 |
| 12 | 辰 | 巳 | 午 | 未 | 申 | 酉 | 戌 | 亥 | 子 | 丑 | 寅 | 卯 |

## 1. 천역성(天驛星)

부모천역 출입분주(父母天驛 出入奔走)

천역도문 상업유리(天驛到門 商業有利)

재가무익 출칙이득(在家無益 出則利得)

막탐과욕 반위손재(莫貪過慾 反爲損財)

반길반흉 과욕경계(半吉半凶 過慾警戒)

천역발동 별거양친(天驛發動 別居兩親)

부모궁이 천역성에 해당하니 부모로 인하여 분주할 것이다.

천역성이 문 앞에 임했으니 상업이 유리하다.

집에 있으면 이익이 없고 나가면 이익이 따르리라.

탐욕과 과욕을 부리면 오히려 손재수가 따를 것이다.

부모와의 인연은 반은 길하고 반은 흉하니 과욕을 경계하라.

역마가 발동햇으니 부모와 따로 사는 것이 좋다.

## 2 천문성(天文星)

부모천문 학문발복(父母天文 學問發福)

용심정직 세칭군자(用心正直 世稱君子)

약근학문 출사등과(若勤學問 出仕登科)

행운평안 학문발전(行運平安 學問發展)

의식풍족 안과태평(衣食豊足 安過太平)

문창내조 호학문장(文昌來助 好學文章)


부모궁이 천문성에 해당하니 부모의 덕으로 학문이 발전할 것이다.

마음이 정직하며 사람들에게 군자라는 말을 들으리라.

만약 학문을 하면 출사와 등과가 따를 것이다.

행운이 따라 평안하며 학문이 발전하리라.

의식주가 풍족하며 편안하며 태평한 세월을 보낼 것이다.

문창귀인이 도와주니 학문과 문장이 따르리라.


## 3. 천복성(天福星)


부모천복 재물창성(父母天福 財物昌盛)

재운비상 필시성부(財運非常 必是成富)

유산득재 수중천금(遺産得財 手中千金)

문호영화 처재양득(門戶榮華 妻財兩得)

유산충만 오복구비(遺産充滿 五福具備)

복신내조 다복명조(福神來助 多福命造)


부모궁이 천복성에 해당하니 부모의 덕으로 재물이 창성할 것이다.

재물운이 비상하니 반드시 큰 부자가 되리라.

유산으로 재물을 얻어 수중에 천금을 쥘 것이다.

집안이 영화롭고 아내와 재물을 모두 얻으리라.

유산이 많으며 오복을 모두 갖출 것이다.

천복신이 도와주니 여러 가지 복을 많이 받는다.

## 4. 천귀성(天貴星)

부모천귀 부귀영화(父母天貴 富貴榮華)

혹봉위처 전화위복(或逢危處 轉禍爲福)

지운부귀 가득공명(至運富貴 可得功名)

약비공명 사업대길(若非功名 事業大吉)

명진사해 만인앙시(名振四海 萬人仰視)

귀인내조 친덕천귀(貴人來助 親德天貴)

부모궁이 천귀성에 해당하니 부모의 덕으로 부귀영화를 누릴 것이다.

설사 위험에 처해도 화가 복으로 변하리라.

부귀할 운이 임했으니 충분히 공명을 얻으리라.

만약 공명을 얻지 못하면 하는 일이 대길할 것이다.

바다 건너까지 명예를 떨치고 만인의 우러름을 받으리라.

귀인이 도와주는 것은 부모가 덕을 쌓았기 때문이다.

## 5. 천권성(天權星)

부모천권 관록지인(父母天權 官祿之人)

군전수명 문무겸비(君前受命 文武兼備)

문무겸전 필득공명(文武兼全 必得功名)

친덕은공 권좌군림(親德恩功 權座君臨)

다재축적 부모적선(多財蓄積 父母積善)

재관구비 명진집권(財官具備 名振執權)

부모궁이 천권성에 해당하니 부모의 덕으로 관록에 오를 것이다.

문무를 겸비하고 임금 앞에서 어명을 받으리라.

문무를 모두 갖추고 반드시 공명을 이루리라.

양친의 은공으로 높은 자리에 오를 것이다.

재물을 많이 모으는 것은 부모가 선덕을 쌓았기 때문이다.

재물과 벼슬을 갖추고 명예와 권력을 누리리라.

## 6. 천간성(天奸星)

부모천간 좌모달인(父母天奸 坐謀達人)

비룡득운 변화무궁(飛龍得雲 變化無窮)

친덕후중 필시고관(親德厚重 必是高官)

혹유재앙 자연소멸(或有災殃 自然消滅)

막근주색 득병가외(莫近酒色 得病可畏)

자제최길 물탕진재(自制最吉 勿蕩盡財)

부모궁이 천간성에 해당하니 부모의 덕으로 모사가 뛰어날 것이다.

비룡이 구름을 만난 격이니 변화가 무궁하리라.

부모의 은덕이 후중하니 반드시 높은 자리에 오를 것이다.

혹시 재앙을 만나더라도 저절로 소멸될 것이다.

그러나 주색을 가까이 하면 병을 얻을 수도 있으니 조심하라.

언행을 자제하는 것이 가장 좋고 부모의 유산을 탕진하지 말라.

## 7. 천예성(天藝星)

부모천예 총지다재(父母天藝 聰智多才)

고목봉우 기색갱신(枯木逢雨 其色更新)

신통예재 만인앙시(神通藝才 萬人仰視)

재능탁월 다인자래(才能卓越 多人自來)

친덕득명 가내다복(親德得名 家內多福)

재리한가 소리만족(財利閑暇 小利滿足)

부모궁이 천예성이니 부모의 덕으로 총명하며 재능이 많을 것이다.

고목이 비를 만난 형상이니 다시 새로워질 것이다.

신통하며 예술에 재능이 있으니 만인이 우러름을 받을 것이다.

재능이 탁월하니 많은 사람이 저절로 도와주리라.

부모의 덕으로 명예를 얻고 집안에 복이 많을 것이다.

그러나 재물은 한가한 편이니 작은 이익에 만족하라.


## 8. 천고성(天孤星)


부모천고 고독명조(父母天孤 孤獨命造)

유수상론 춘림독조(有誰相論 春林獨鳥)

수지총명 손재탄식(雖智聰明 損財歎息)

수다재능 무용지물(雖多才能 無用之物)

막탄곤고 고진감래(莫嘆困苦 苦盡甘來)

사고무친 자수성가(四顧無親 自手成家)


부모궁이 천고성에 해당하니 부모와 인연이 박하고 고독할 것이다.

봄 숲의 고독한 새처럼 인생사를 의논할 사람이 없구나.

비록 지혜가 있고 총명해도 손재수가 많아 탄식하리라.

또 타고난 재능이 많아도 무용지물이 되리라.

고진감래이니 인생살이의 곤고함을 탄식하지 말라.

사방에 도와줄 사람이 없으니 자수성가해야 할 팔자다.

## 9. 천액성(天厄星)

부모천액 신액상수(父母天厄 身厄常隨)

구문불수 구화자초(口門不守 口禍自招)

치성신명 가면차액(致誠神明 可免此厄)

전생악연 금생상봉(前生惡緣 今生相逢)

약비조실 생별가외(若非早失 生別可畏)

일심선정 전화위복(一心善正 轉禍爲福)


부모궁이 천액성에 해당하니 부모와 인연이 박하고 신액이 따를 것이다.

입을 굳게 지키지 않으면 구업의 재앙이 따르리라.

천지신명께 정성을 드리면 재앙을 면할 수 있을 것이다.

전생의 악연을 금생에서 만난 형상이니 어찌하겠는가.

만약 일찍 부모를 잃지 않으면 부모와 생이별하리라.

그러나 바른 마음으로 선덕을 쌓으면 화가 복으로 변할 수 있다.


## 10. 천파성(天破星)

부모천파 단절가외(父母天破 斷絶可畏)

전생원수 금생상봉(前生怨讐 今生相逢)

사친불리 양자유리(事親不利 養子有利)

부자박연 선행무공(父子薄緣 善行無功)

사신침래 조실부모(死神侵來 早失父母)

동거불효 별거유효(同居不孝 別居有孝)


부모궁이 천파성에 해당하니 부모와 인연이 단절될까 두렵다.

전생의 원수를 금생에서 만난 형상이니 어찌하겠는가.

부모와 같이 살면 불리하니 양자로 가는 것이 유리하다.

부자간에 인연이 박하니 선덕을 쌓아도 공이 없구나.

죽음의 신이 침범했으니 부모를 일찍 잃거나 이별하리라.

부모와 같이 살면 불효하고 따로 살면 효를 행하리라.


## 11. 천인성(天刃星)


부모천인 악전고투(父母天刃 惡戰苦鬪)

자탄자읍 운수나하(自嘆自泣 運數奈何)

고향불리 이향유리(故鄉不利 離鄉有利)

선고후락 고진감래(先苦後樂 苦盡甘來)

무의친궁 자수성가(無依親宮 自手成家)

공양지성 전화위복(供養至誠 轉禍爲福)


부모궁이 천인성에 해당하니 부모와 인연이 박하여 고생할 것이다.

탄식하며 눈물을 흘리나 운이 그러하니 어찌하랴.

고향은 불리하니 고향을 떠나는 것이 좋다.

고진감래이니 먼저는 고전하나 나중에는 즐거우리라.

부모에게 의지할 수 없으니 자수성가해야 할 팔자다.

정성으로 조상님을 모시면 화가 복으로 변할 수 있으리라.


## 12. 천수성(天壽星)


부모천수 무해무덕(父母天壽 無害無德)

심성한가 건강장수(心性閑暇 健康長壽)

정직지심 매사공평(正直之心 每事公平)

성정온유 사방무적(性情溫柔 四方無敵)

수분각도 안심입명(守分覺道 安心立命)

약인내즉 전화위복(若忍耐則 轉禍爲福)


부모궁이 천수성에 해당하니 부모와의 인연이 무해무덕하다.

심성이 느긋하니 건강하게 장수하리라.

마음이 정직하며 매사에 공평하리라.

천성이 다정하며 온유하니 사방에 적이 없을 것이다.

분수를 알며 도를 깨달으면 편안하게 살아간다.

만약 억울한 일이 있어도 참으면 반드시 전화위복이 될 것이다.

# 2 형제운

인간사에서 효와 더불어 중시되는 덕목이 형제간의 우애다. 형제자매(兄弟姉妹) 동기이생(同氣而生)이라는 말이 있다. 형제와 자매는 한 부모의 몸에서 같은 기운을 받고 태어났다는 뜻이다. 또 비지어목(比之於木) 동근이지(同根異枝)라는 말도 있다. 형제와 자매는 같은 뿌리에서 나온 가지라는 뜻이다.

그러나 형제나 자매라고 다 인연이 좋은 것은 아니다. 그래서 타고난 인연이 좋지 않은 형제나 자매라면 서로 노력해 좋은 인연으로 만들어야 한다. 형제운을 보는 방법은 나의 생월(生月)을 기준으로 형제나 자매의 생월(生月)을 대조해서 본다.

## 1. 천역성(天驛星)

천역입명 형제분주(天驛入命 兄弟奔走)

타향객지 사인각거(他鄉客地 四人各去)

수유다안 이안유성(雖有多雁 二雁有成)

형제자매 동기이생(兄弟姉妹 同氣而生)

공양치성 형제동영(供養致誠 兄弟同榮)

형제우애 양친희락(兄弟友愛 兩親喜樂)

형제궁이 천역성에 해당하니 형제 때문에 분주할 것이다.

# 형제운 도표

| 운 월 | 天驛 | 天文 | 天福 | 天貴 | 天權 | 天奸 | 天藝 | 天孤 | 天厄 | 天破 | 天刃 | 天壽 |
|---|---|---|---|---|---|---|---|---|---|---|---|---|
| 1 | 巳 | 午 | 未 | 申 | 酉 | 戌 | 亥 | 子 | 丑 | 寅 | 卯 | 辰 |
| 2 | 午 | 未 | 申 | 酉 | 戌 | 亥 | 子 | 丑 | 寅 | 卯 | 辰 | 巳 |
| 3 | 未 | 申 | 酉 | 戌 | 亥 | 子 | 丑 | 寅 | 卯 | 辰 | 巳 | 午 |
| 4 | 申 | 酉 | 戌 | 亥 | 子 | 丑 | 寅 | 卯 | 辰 | 巳 | 午 | 未 |
| 5 | 酉 | 戌 | 亥 | 子 | 丑 | 寅 | 卯 | 辰 | 巳 | 午 | 未 | 申 |
| 6 | 戌 | 亥 | 子 | 丑 | 寅 | 卯 | 辰 | 巳 | 午 | 未 | 申 | 酉 |
| 7 | 亥 | 子 | 丑 | 寅 | 卯 | 辰 | 巳 | 午 | 未 | 申 | 酉 | 戌 |
| 8 | 子 | 丑 | 寅 | 卯 | 辰 | 巳 | 午 | 未 | 申 | 酉 | 戌 | 亥 |
| 9 | 丑 | 寅 | 卯 | 辰 | 巳 | 午 | 未 | 申 | 酉 | 戌 | 亥 | 子 |
| 10 | 寅 | 卯 | 辰 | 巳 | 午 | 未 | 申 | 酉 | 戌 | 亥 | 子 | 丑 |
| 11 | 卯 | 辰 | 巳 | 午 | 未 | 申 | 酉 | 戌 | 亥 | 子 | 丑 | 寅 |
| 12 | 辰 | 巳 | 午 | 未 | 申 | 酉 | 戌 | 亥 | 子 | 丑 | 寅 | 卯 |

타향에서 4형제가 각각 성공하리라.

비록 형제가 많으나 둘만 성공하리라.

형제와 자매는 한 부모의 기운을 받고 태어난 사람이다.

공양에 정성을 들이면 형제가 모두 영화를 누리리라.

형제가 우애가 좋으면 부모가 기뻐하며 즐거워하시리라.


## 2. 천문성(天文星)


천문입명 형제천문(天文入命 兄弟天文)

가내평안 수화기제(家內平安 水火旣濟)

형제길연 동업대성(兄弟吉緣 同業大成)

재능각자 합심화동(才能各者 合心和同)

상세논지 이인각성(詳細論之 二人各成)

형우제공 불가원노(兄友弟恭 不可怨怒)


형제궁이 천문성에 해당하니 형제의 덕으로 학문을 이룰 것이다.

집안이 평안하며 우애가 있으니 물과 불도 조화를 잘 이루리라.

형제가 인연이 좋으니 형제와 동업하면 크게 성공할 것이다.

재능은 각자 다르나 형제가 합심하며 화합하리라.

상세하게 논하면 두 형제가 각각 성공할 것이다.

형은 우애가 있고 동생은 잘 따르니 원망이 없을 것이다.

## 3. 천복성(天福星)

천복입명 형제복록(天福入命 兄弟福祿)
천지유정 사업성공(天地有情 事業成功)
고기유리 문장현달(古基有利 文章顯達)
수다형제 각자성공(雖多兄弟 各者成功)
주신치성 영수복록(主神致誠 永受福祿)
골육수분 본생일기(骨肉雖分 本生一氣)

형제궁이 천복성에 해당하니 형제의 덕으로 복록을 받을 것이다.
천지에 정이 있으니 하는 일이 성공하리라.
부모가 계신 고향이 유리하며 문장으로 발전하리라.
형제가 많으나 각자 성공할 것이다.
주신께 정성을 드리면 영원한 복록을 받으리라.
형제는 비록 골육은 따로이나 본생은 하나다.

## 4. 천귀성(天貴星)

천귀입명 형제천귀(天貴入命 兄弟天貴)
전생귀인 금세환생(前生貴人 今世還生)
형제지운 합심성공(兄弟之運 合心成功)
형제우애 사시춘풍(兄弟友愛 四時春風)

형체수이 소수일혈(形體雖異 素受一血)

형제우애 양친희락(兄弟友愛 兩親喜樂)


형제궁이 천귀성에 해당하니 형제의 덕으로 출세할 것이다.

전생의 귀인이 금생에서 형제로 만난 형상이다.

형제의 인연이 좋으니 형제와 합심하면 성공할 수 있다.

형제의 우애가 돈독하니 사시사철 춘풍이 불어오리라.

형제는 비록 모습은 다르지만 한 핏줄에서 나온 사람이다.

형제가 우애가 좋으면 부모가 기뻐하며 즐거워하시리라.


## 5. 천권성(天權星)


천권입명 형제득권(天權入命 兄弟得權)

재물충만 형제다복(財物充滿 兄弟多福)

형제지간 의사상합(兄弟之間 意思相合)

사인형제 삼인성공(四人兄弟 三人成功)

혹유이인 각각성가(或有二人 各各成家)

비지어목 동근이지(比之於木 同根異枝)


형제궁이 천권성에 해당하니 형제의 덕으로 권력을 잡을 것이다.

형제의 덕으로 재물이 충만하며 복을 많이 받으리라.

형제간에 우애가 좋고 의견과 생각이 잘 맞을 것이다.

4형제 중에 셋이 성공하리라.

만약 형제가 둘이면 각자 자수성가할 것이다.

나무에 비유하면 형제는 같은 뿌리에서 나온 가지다.


## 6. 천간성(天奸星)


천간입명 형제다지(天奸入命 兄弟多智)

수유다지 구설난면(雖有多智 口舌難免)

재가다번 출외심활(在家多煩 出外心活)

삼인형제 만실일인(三人兄弟 晚失一人)

형제내조 전화위복(兄弟來助 轉禍爲福)

형제우애 행즉안행(兄弟友愛 行卽雁行)


형제궁이 천간성에 해당하니 형제의 덕으로 지혜가 따를 것이다.

비록 지혜는 많으나 구설은 면하기 어려우리라.

집에 있으면 번뇌가 많고 나가면 마음이 활달할 것이다.

형제가 셋인데 만년에 한 명을 먼저 잃으리라.

형제의 도움으로 화가 복으로 변할 것이다.

형제간에 우애가 있으니 편안하게 살아갈 것이다.

## 7. 천예성(天藝星)

천예입명 형제예인(天藝入命 兄弟藝人)

삼인득기 화기만당(三人得氣 和氣滿堂)

상하화합 일가태평(上下和合 一家太平)

무단언쟁 동서분재(無端言爭 東西分在)

유산분배 물구과욕(遺産分配 勿求過慾)

유무상통 형제우애(有無相通 兄弟友愛)


형제궁이 천예성에 해당하니 형제의 덕으로 예술가가 될 것이다.

3형제가 모두 성공하니 집안에 화기가 가득하리라.

형과 동생이 화합하니 집안이 태평하리라.

그러나 언쟁으로 동서로 흩어질 수도 있으니 조심하라.

유산을 분배할 때는 욕심을 부리지 말라.

재산이 있거나 없거나 형제간에 우애가 지켜라.


## 8. 천고성(天孤星)

천고입명 형제고독(天孤入命 兄弟孤獨)

의견차이 이인각비(意見差異 二人各飛)

조실부모 불연풍상(早失父母 不然風霜)

혹다형제 이복형제(或多兄弟 異腹兄弟)

사기의식 이적지도(私其衣食 夷狄之徒)

지성공양 전화위복(至誠供養 轉禍爲福)


형제궁이 천고성에 해당하니 형제와 인연이 없어 고독할 것이다.

형제가 둘이면 의견이 맞지 않아 각각 살아가리라.

부모를 일찍 잃지 않으면 풍상을 많이 겪을 것이다.

만일 형제가 많으면 이복형제가 있을 것이다.

의식문제로 욕심을 부리면 오랑캐나 다름이 없다.

지성으로 공양을 드리면 재앙이 복으로 변하리라.


## 9. 천액성(天厄星)


천액입명 형제득병(天厄入命 兄弟得病)

약유형제 무정상심(若有兄弟 無情傷心)

논기성정 필유고집(論其性情 必有固執)

형제지간 유산언쟁(兄弟之間 遺産言爭)

동거불리 별거유리(同居不利 別居有利)

형제유선 필예우외(兄弟有善 必譽于外)


형제궁이 천액성에 해당하니 형제 때문에 병을 얻을 것이다.

형제가 있어도 서로 무정하며 상심하는 일이 많으리라.

형제들의 성정이 반드시 고집이 셀 것이다.

형제간에 유산문제로 언쟁하리라.

형제와 같이 살면 불리하니 따로 살아라.

형제간에 선행이 있으면 반드시 외부에서 칭찬할 것이다.

## 10. 천파성(天破星)

천파입명 형제단명(天破入命 兄弟短命)

이복즉삼 불연독신(異腹則三 不然獨身)

인연희박 별거상길(因緣稀薄 別居相吉)

백인내중 형제화합(百忍耐中 兄弟和合)

사고무친 노력성공(四顧無親 努力成功)

형제유실 은이물양(兄弟有失 隱而勿揚)


형제궁이 천파성에 해당하니 형제로 인하여 단명할 것이다.

이복형제가 있으면 3형제이고 그렇지 않으면 독신이다.

형제간에 인연이 희박하니 떨어져 사는 것이 좋다.

그러나 참고 또 참으면 형제가 화합할 수 있을 것이다.

사방에 도와줄 없으니 노력만이 성공할 수 있는 길이다.

형제가 과실이 있으면 감싸주어라.

## 11. 천인성(天刃星)

천인입명 형제고전(天刃入命 兄弟苦戰)

인연희박 신부할족(因緣稀薄 信斧割足)

지동지서 별무호사(之東之西 別無好事)

금지동업 불리지사(禁止同業 不利之事)

만득화합 선고후락(晚得和合 先苦後樂)

형제유난 민이사구(兄弟有難 悶而思救)


형제궁이 천인성에 해당하니 형제 때문에 고전할 것이다.

형제와 인연이 희박하며 믿는 도끼에 발등을 찍히는 형상이다.

동으로 가고 서로 가지만 별로 좋은 일이 없으리라.

만일 형제와 동업을 하면 나쁜 일만 생길 것이다.

그러나 선고후락의 인연이 있으니 만년에는 화합하리라.

만일 형제가 어려움을 당하면 근심하며 구할 생각을 하라.

## 12 천수성(天壽星)

천수입명 형제장수(天壽入命 兄弟長壽)

삼인형제 무해무덕(三人兄弟 無害無德)

형제무덕 수조아신(兄弟無德 誰助我身)

점차회복 해원성사(漸次回復 解怨聖事)

수유타친 기약형제(雖有他親 豈若兄弟)

아유환락 형제역락(我有歡樂 兄弟亦樂)


형제궁이 천수성에 해당하니 형제의 덕으로 장수할 것이다.

비록 3형제가 있으나 서로 무해무덕하리라.

형제간에 덕이 없으니 누가 나를 도와 줄 것인가.

그러나 점차 원한이 회복되리라.

친구나 친척이 있다한들 형제만 하겠는가.

내가 기쁘고 즐거우면 형제들도 즐거워하리라.

## 3. 부부운

인생에서 가장 많은 영향을 주고받는 것이 부부일 것이다. 때문에 좋은 인연을 만나는 것은 곧 행복과 성공의 지름길이라고 해도 과언이 아니다. 부부지륜(夫婦之倫) 이성지합(二姓之合)이라 는 말이 있다. 부부관계란 성씨가 다른 두 사람이 만났다는 뜻이다. 또 부부유은(夫婦有恩) 남녀유별 男女有別)이라는 말도 있다. 남편과 아내는 은혜로움이 있어야 하고 분별이 있어야 한다는 뜻이다. 부부운을 보는 방법은 나의 생월(生月)을 기준으로 배우자의 생월(生月)을 대조해서 본다.

# 부부운 도표

| 운\월 | 天驛 | 天文 | 天福 | 天貴 | 天權 | 天奸 | 天藝 | 天孤 | 天厄 | 天破 | 天刃 | 天壽 |
|---|---|---|---|---|---|---|---|---|---|---|---|---|
| 1 | 巳 | 午 | 未 | 申 | 酉 | 戌 | 亥 | 子 | 丑 | 寅 | 卯 | 辰 |
| 2 | 午 | 未 | 申 | 酉 | 戌 | 亥 | 子 | 丑 | 寅 | 卯 | 辰 | 巳 |
| 3 | 未 | 申 | 酉 | 戌 | 亥 | 子 | 丑 | 寅 | 卯 | 辰 | 巳 | 午 |
| 4 | 申 | 酉 | 戌 | 亥 | 子 | 丑 | 寅 | 卯 | 辰 | 巳 | 午 | 未 |
| 5 | 酉 | 戌 | 亥 | 子 | 丑 | 寅 | 卯 | 辰 | 巳 | 午 | 未 | 申 |
| 6 | 戌 | 亥 | 子 | 丑 | 寅 | 卯 | 辰 | 巳 | 午 | 未 | 申 | 酉 |
| 7 | 亥 | 子 | 丑 | 寅 | 卯 | 辰 | 巳 | 午 | 未 | 申 | 酉 | 戌 |
| 8 | 子 | 丑 | 寅 | 卯 | 辰 | 巳 | 午 | 未 | 申 | 酉 | 戌 | 亥 |
| 9 | 丑 | 寅 | 卯 | 辰 | 巳 | 午 | 未 | 申 | 酉 | 戌 | 亥 | 子 |
| 10 | 寅 | 卯 | 辰 | 巳 | 午 | 未 | 申 | 酉 | 戌 | 亥 | 子 | 丑 |
| 11 | 卯 | 辰 | 巳 | 午 | 未 | 申 | 酉 | 戌 | 亥 | 子 | 丑 | 寅 |
| 12 | 辰 | 巳 | 午 | 未 | 申 | 酉 | 戌 | 亥 | 子 | 丑 | 寅 | 卯 |

## 1. 천역성(天驛星)

천역입명 인배분주(天驛入命 因配奔走)

인배각각 동분서주(因配各各 東奔西走)

선쟁후화 인내최길(先爭後和 忍耐最吉)

궁합평범 반길반흉(宮合平凡 半吉半凶)

고진감래 인내최길(苦盡甘來 忍耐最吉)

인배화순 가도성의(因配和順 家道成矣)

부부궁이 천역성에 해당하니 배우자로 인하여 분주할 것이다.

배우자 때문에 각각 동분서주하리라.

먼저는 다투나 나중에는 화합하니 참고 또 참아라.

궁합은 평범하니 반은 길하고 반은 흉하다.

고생 끝에 낙이 오는 법이니 참고 또 참아라.

배우자와 화합하며 따르는 것이 가정을 이루는 길이다.

## 2. 천문성(天文星)

천문입명 인배학문(天文入命 因配學文)

인배호학 문장성가(因配好學 文章成家)

화다쟁소 희장비단(和多爭少 喜長悲短)

침실화락 자손만당(寢室和樂 子孫滿堂)

인배일심 이심전심(因配一心 以心傳心)

다길소흉 가정원화(多吉少凶 家庭圓和)

부부궁이 천문성에 해당하니 배우자의 덕으로 학문을 할 것이다.

배우자의 덕으로 학문을 좋아하고 문장으로 성공하리라.

약간의 다툼이 있으나 화합이 잘 되니 기쁨은 길고 슬픔은 짧다.

침실이 화락하니 자손을 많이 두리라.

배우자와 한마음이니 잘 통할 것이다.

길은 많고 흉은 적으니 가정이 화목하며 원만하리라.

## 3. 천복성(天福星)

천복입명 인배다복(天福入命 因配多福)

복성내림 오복구비(福星來臨 五福具備)

일심동체 주야화락(一心同體 晝夜和樂)

인배상애 가내화합(因配相愛 家內和合)

상신상의 제사다성(相信相依 諸事多成)

부창부수 백년해로(夫唱婦隨 百年偕老)

부부궁이 천복성에 해당하니 배우자의 덕으로 복이 많을 것이다.

천복성이 임했으니 오복을 모두 갖추리라.

부부가 일심동체이니 항상 화목하며 즐거우리라.

부부가 서로 사랑하니 집안에 화목할 것이다.

배우자와 서로 믿고 의지하니 모든 일이 순조로우리라.

궁합이 매우 좋으니 백년해로할 것이다.


## 4. 천귀성(天貴星)


천귀입명 인배귀인(天貴入命 因配貴人)

귀성내림 오복구비(貴星來臨 五福具備)

부창부수 만사형통(夫唱婦隨 萬事亨通)

천생길연 부귀영화(天生吉緣 富貴榮華)

위생위사 최길궁합(爲生爲死 最吉宮合)

다정화순 백년해로(多情和順 百年偕老)


부부궁이 천귀성에 해당하니 배우자의 덕으로 귀인을 만날 것이다.

귀인이 임했으니 오복을 모두 갖추리라.

가장 좋은 인연이 만났으니 만사가 형통하리라.

천생의 길연이니 부귀영화를 누릴 것이다.

가장 좋은 궁합으로 부부가 서로를 위해 살고 죽을 것이다.

부부가 다정하며 화순하고 백년해로할 것이다.

## 5. 천권성(天權星)

천권입명 인배득권(天權入命 因配得權)
권운내림 고관출세(權運來臨 高官出世)
애정충만 백년해로(愛情充滿 百年偕老)
인배만족 외인불침(因配滿足 外人不侵)
인배동주 공동운명(因配同舟 共同運命)
부창부수 만인앙시(夫唱婦隨 萬人仰視)

부부궁이 천권성에 해당하니 배우자의 덕으로 권력을 얻을 것이다.
권세의 별이 임했으니 높은 자리에 오르며 출세하리라.
부부간에 애정이 충만하니 백년해로할 것이다.
부부가 서로 만족하니 다른 사람이 침범하지 못하리라.
부부가 같은 배를 탄 형상이니 운명을 같이 하리라.
부창부수의 인연이니 만인의 부러움을 받을 것이다.

## 6. 천간성(天奸星)

천간입명 인배다지(天奸入命 因配多智)
다득소실 감소예방(多得少失 減少豫防)
다정화순 길중소흉(多情和順 吉中小凶)
조혼유리 만혼불리(早婚有利 晚婚不利)

다길소흉 길복인연(多吉少凶 吉福因緣)

부도강직 부덕유순(夫道剛直 婦德柔順)

부부궁이 천간성에 해당하니 배우자의 덕으로 지혜가 따를 것이다.

얻는 것이 많으나 잃는 것도 있으니 미리 방지하는 것이 좋다.

다정하고 화순하며 길하나 흉함이 따를 수도 있다.

일찍 결혼하면 유리하고 늦게 결혼하면 불리하다.

길함은 많고 흉함은 적으니 대체로 좋은 인연이다.

남편은 강직하고 아내는 유순해야 한다.

## 7. 천예성(天藝星)

천예입명 인배예인(天藝入命 因配藝人)

예성내림 풍류호예(藝星來臨 風流好藝)

점차대립 의견차이(漸次對立 意見差異)

궁합반길 상배가외(宮合半吉 傷配可畏)

선쟁후화 인내최길(先爭後和 忍耐最吉)

내불언외 외불언내(內不言外 外不言內)

부부궁이 천예성에 해당하니 배우자의 덕으로 예술가가 될 것이다.

예술의 별이 임했으니 풍류와 예술을 좋아할 것이다.

그러나 점점 대립하며 갈등을 겪을 수도 있으니 조심하라.

부부의 궁합이 반길하니 배우자를 잃을까 염려된다.

먼저는 다투나 나중에는 화합하니 참고 또 참아라.

부부가 서로 간섭하지 않는 것이 좋다.

## 8. 천고성(天孤星)

천고입명 인배고독(天孤入命 因配孤獨)

퇴성내림 가정풍파(退星來臨 家庭風波)

독수공방 고안독비(獨守空房 孤雁獨飛)

배궁적막 야중비루(配宮寂寞 夜中悲淚)

궁합박연 노력요망(宮合薄緣 努力要望)

일심선정 전화위복(一心善正 轉禍爲福)


부부궁이 천고성에 해당하니 배우자와 인연이 없어 고독할 것이다.

후퇴하는 별이 임했으니 가정에 풍파가 따르리라.

독수공방하며 고독한 기러기처럼 홀로 날아가리라.

부부궁이 적막하니 밤중에 홀로 눈물을 흘릴까 염려된다.

부부의 궁합이 희박하니 서로 노력하라.

그러나 마음을 선하고 바르게 하면 화가 복으로 변할 수 있다.

## 9. 천액성(天厄星)

천액입명 인배득병(天厄入命 因配得病)

투병생활 간호노고(鬪病生活 看護努苦)

인배상극 언행충돌(因配相剋 言行衝突)

전생원수 금생상봉(前生怨讐 今生相逢)

인배유은 남여유별(因配有恩 男女有別)

합심신앙 차액반면(合心信仰 此厄半免)


부부궁이 천액성에 해당하니 배우자를 만나 병을 얻을 것이다.

병과 싸우며 치료하느라 수고가 많으리라.

배우자와 상극하는 운이니 언행의 충돌이 많을 것이다.

전생의 원수가 금생에서 부부로 만난 형상이니 어찌하겠는가.

부부는 은혜하는 마음이 있어야 하고 남녀는 구별이 있어야 한다.

그러나 부부가 같이 신앙생활을 하면 액을 절반은 면할 수 있다.


## 10. 천파성(天破星)

천파입명 인배파가(天破入命 因配破家)

상처상부 야중고읍(傷妻喪夫 夜中孤泣)

원수악연 장벽격산(怨讐惡緣 障壁隔山)

전생악연 금생상봉(前生惡緣 今生相逢)

합심신앙 전화위복(合心信仰 轉禍爲福)

위생위사 회복묘방(爲生爲死 回復妙方)

부부궁이 천파성에 해당하니 배우자와 인연이 없어 가정이 깨질 것이다.

부부 중에 한 명이 먼저 세상을 떠나 밤중에 홀로 슬피 울리라.

원수를 만난 격이니 부부 사이에 큰 산이 가로막혀 있다.

전생의 악연을 금생에서 만난 형상이니 어찌하겠는가.

그러나 부부가 같이 신앙생활을 하면 화가 복으로 변할 수 있다.

부부가 서로를 위하는 것만이 회복하는 방법이다.

## 11. 천인성(天刃星)

천인입명 인배고전(天刃入命 因配苦戰)

고성침래 고난불리(苦星侵來 苦難不離)

인배심증 외인친근(因配深憎 外人親近)

장벽불소 도중이별(障壁不消 途中離別)

내외유별 상경여빈(內外有別 相敬如賓)

부도화의 부덕유순(夫道和義 婦德柔順)

부부궁이 천인성에 해당하니 배우자로 인하여 고전할 것이다.

고통의 별이 침범했으니 고난이 면하기 어렵다.

부부가 서로 증오하며 밖으로 나돌 것이다.

장벽이 아직 남아 있으니 도중에 이별할 것이다.

부부가 서로 인정하며 손님 대하듯이 공경하라.

남편은 온화하며 정의롭고 아내는 유순해야 한다.

## 12. 천수성(天壽星)

천수입명 인배장수(天壽入命 因配長壽)

회성내림 점차개운(回星來臨 漸次開運)

업장불소 연속적공(業障不消 連續積功)

지하전쟁 인내최길(地下戰爭 忍耐最吉)

고진감래 전화위복(苦盡甘來 轉禍爲福)

부창부수 가도성의(夫唱婦隨 家道成矣)


부부궁이 천수성에 해당하니 배우자의 덕으로 장수할 것이다.

회복하는 별이 임했으니 운이 점점 좋아지리라.

그러나 업장이 아직 남아 있으니 공덕을 더 쌓아라.

항상 보이지 않는 갈등이 있으니 참는 것이 최선이다.

고생 끝에 낙이 오고 화가 복으로 변할 수 있으니 노력하라.

부창부수이면 집안의 법도를 세울 수 있을 것이다.

# 4. 자녀운

 충성하고 효도하는 좋은 자녀를 얻으면 재물이나 벼슬이나 명예보다 더 자랑스러운 것이다. 자녀가 크게 번영하는 것이 최대의 복락이다. 부모가 정도를 행하면 자녀는 효도를 한다. 부부가 화합을 잘 하면 자녀는 좋은 가정을 이룬다. 부모가 봉사를 많이 하면 자녀에게는 부귀영화가 있다. 또 부모가 적선을 많이 하면 자녀는 복록이 많을 것이다. 이것은 대자연의 엄중한 법칙이다. 자녀운을 보는 방법은 나의 생월(生月)을 기준으로 자녀의 생월(生月)을 대조해서 본다.

## 1. 천역성(天驛星)

천역입명 자녀분주(天驛入命 子女奔走)
혹유이자 일자필성(或有二子 一子必成)
평생금지 살도음죄(平生禁止 殺盜淫罪)
적선음덕 자손번창(積善陰德 子孫繁昌)
지성기도 제자인현(至誠祈禱 諸子仁賢)
부모정도 자녀효도(父母正道 子女孝道)

자녀궁이 천역성에 해당하니 자녀가 분주할 것이다.
만약 자녀가 둘이면 한 명은 반드시 성공하리라.

# 자녀운 도표

| 운\월 | 天驛 | 天文 | 天福 | 天貴 | 天權 | 天奸 | 天藝 | 天孤 | 天厄 | 天破 | 天刃 | 天壽 |
|---|---|---|---|---|---|---|---|---|---|---|---|---|
| 1 | 巳 | 午 | 未 | 申 | 酉 | 戌 | 亥 | 子 | 丑 | 寅 | 卯 | 辰 |
| 2 | 午 | 未 | 申 | 酉 | 戌 | 亥 | 子 | 丑 | 寅 | 卯 | 辰 | 巳 |
| 3 | 未 | 申 | 酉 | 戌 | 亥 | 子 | 丑 | 寅 | 卯 | 辰 | 巳 | 午 |
| 4 | 申 | 酉 | 戌 | 亥 | 子 | 丑 | 寅 | 卯 | 辰 | 巳 | 午 | 未 |
| 5 | 酉 | 戌 | 亥 | 子 | 丑 | 寅 | 卯 | 辰 | 巳 | 午 | 未 | 申 |
| 6 | 戌 | 亥 | 子 | 丑 | 寅 | 卯 | 辰 | 巳 | 午 | 未 | 申 | 酉 |
| 7 | 亥 | 子 | 丑 | 寅 | 卯 | 辰 | 巳 | 午 | 未 | 申 | 酉 | 戌 |
| 8 | 子 | 丑 | 寅 | 卯 | 辰 | 巳 | 午 | 未 | 申 | 酉 | 戌 | 亥 |
| 9 | 丑 | 寅 | 卯 | 辰 | 巳 | 午 | 未 | 申 | 酉 | 戌 | 亥 | 子 |
| 10 | 寅 | 卯 | 辰 | 巳 | 午 | 未 | 申 | 酉 | 戌 | 亥 | 子 | 丑 |
| 11 | 卯 | 辰 | 巳 | 午 | 未 | 申 | 酉 | 戌 | 亥 | 子 | 丑 | 寅 |
| 12 | 辰 | 巳 | 午 | 未 | 申 | 酉 | 戌 | 亥 | 子 | 丑 | 寅 | 卯 |

평생 살인과 도적질과 음난죄를 범하면 안 된다.

선덕을 많이 쌓으면 반드시 자녀가 번창하리라.

지성을 드리면 모든 자녀가 인자하며 현명하리라.

부모가 먼저 바르게 살면 자녀는 저절로 효도할 것이다.

## 2. 천문성(天文星)

천문입명 자녀학문(天文入命 子女學問)

자녀호학 문장명진(子女好學 文章名振)

지성감천 제자귀영(至誠感天 諸子貴榮)

혹유이복 감수양육(或有異腹 甘受養育)

다길소흉 자녀발복(多吉少凶 子女發福)

부모호학 자녀문장(父母好學 子女文章)

자녀궁이 천문성에 해당하니 자녀가 학문으로 성공할 것이다.

자녀가 학문을 좋아하며 문장으로 이름을 떨치리라.

지성으로 기도하면 모든 자녀가 귀와 영화를 누릴 것이다.

만일 이복자녀가 있으면 감사하게 받아들이고 키워라.

길함이 많고 흉함은 적으니 자녀에게 복이 따르리라.

부모가 학문을 좋아하면 자녀도 문장이 되리라.

## 3. 천복성(天福星)

천복입명 자녀다복(天福入命 子女多福)

부모인자 조득자녀(父母仁慈 早得子女)

부창부수 자녀만당(夫唱婦隨 子女滿堂)

지성기도 오자동락(至誠祈禱 五子同樂)

가내원화 제자등과(家內圓和 諸子登科)

부모적선 자녀다복(父母積善 子女多福)


자녀궁이 천복성에 해당하니 자녀가 복이 많을 것이다.

부모가 어질며 자비로우니 일찍 자녀를 두리라.

부창부수이니 자녀를 많이 두리라.

지성으로 기도하면 자녀 다섯이 모두 즐겁게 살아갈 것이다.

가정이 원만하며 화합하고 자녀들이 모두 등과하리라.

부모가 선덕을 많이 쌓으면 자녀들이 복을 많이 받을 것이다.

## 4. 천귀성(天貴星)

천귀입명 자녀귀인(天貴入命 子女貴人)

차인지명 십이자수(此人之命 十二子數)

제복입문 자녀대길(諸福入門 子女大吉)

치성북두 육자등과(致誠北斗 六子登科)

귀신내조 부귀충만(貴神來助 富貴充滿)

부모봉사 자녀영화(父母奉仕 子女榮華)

자녀궁이 천귀성에 해당하니 자녀가 귀한 사람이 될 것이다.

명에 있는 자녀는 12명이다.

모든 복록이 들어오니 자녀에게 매우 좋다.

북두칠성님께 정성을 드리면 자녀 여섯이 등과할 것이다.

귀인과 신명이 도와주니 부귀영화가 충만하리라.

부모가 봉사하면 자녀가 영화로움을 누릴 것이다.

## 5. 천권성(天權星)

천권입명 자녀득권(天權入命 子女得權)

슬하영화 권문출입(膝下榮華 權門出入)

북두주명 소원성취(北斗主命 所願成就)

재물충만 사자득권(財物充滿 四子得權)

칠성가호 자궁무난(七星加護 子宮無難)

부모애국 자녀출세(父母愛國 子女出世)

자녀궁이 천권성에 해당하니 자녀가 권세를 누릴 것이다.

자녀들이 영화를 누리며 권문을 출입하리라.

북두칠성님께 정성을 드리면 소원을 모두 이룰 것이다.

재물이 충만하며 자녀 넷이 권세를 얻으리라.

북두칠성님이 지켜주니 자녀궁에 어려움이 없을 것이다.

부모가 나라를 사랑하면 자녀가 출세할 것이다.


## 6. 천간성(天奸星)


천간입명 자녀다지(天奸入命 子女多智)

심지고결 청풍명월(心志高潔 淸風明月)

자궁지수 삼자동영(子宮之數 三子同榮)

자녀다길 양육무난(子女多吉 養育無難)

약불기도 일자난양(若不祈禱 一子難養)

부모총명 자녀다지(父母聰明 子女多智)


자녀궁이 천간성에 해당하니 자녀에게 지혜가 많이 따를 것이다.

자녀들의 심지가 고결하며 결백하고 온전하다.

자녀는 셋을 두는데 모두 영화를 누릴 것이다.

자녀궁이 대길하니 키우는데 아무 어려움이 없을 것이다.

그러나 기도하지 않으면 한 명에게는 어려움이 따르리라.

부모가 총명하면 자녀도 지혜가 많을 것이다.

## 7. 천예성(天藝星)

천예입명 자녀예인(天藝入命 子女藝人)

천살침래 방액기도(天殺侵來 防厄祈禱)

득시명진 실시고전(得時名振 失時苦戰)

지성헌공 재소복래(至誠獻供 災消福來)

칠성기도 일자출세(七星祈禱 一子出世)

부모호예 자녀예인(父母好藝 子女藝人)


자녀궁이 천예성에 해당하니 자녀가 예술가가 될 것이다.

천살이 침범했으나 기도하면 액을 막을 수 있다.

때를 만나면 이름을 떨치나 때를 놓치면 고전할 것이다.

정성으로 헌공하면 재앙이 소멸되고 복이 오리라.

북두칠성님께 기도하면 한 명은 반드시 출세할 것이다.

부모는 예술을 좋아하니 자녀가 예술가가 될 수 있다.


## 8. 천고성(天孤星)

천고입명 자녀고독(天孤入命 子女孤獨)

자궁희소 명산기도(子宮稀少 名山祈禱)

만득량남 일자귀인(晚得兩男 一子貴人)

부자상응 화기자생(父子相應 和氣自生)

자중일자 불효난면(子中一子 不孝難免)
부모모범 자녀정행(父母模範 子女正行)

자녀궁이 천고성에 해당하니 자녀가 고독할 것이다.
자녀궁이 희소하니 명산을 찾아가 기도하라.
늦게 아들 둘을 두는데 한 명은 귀한 사람이 될 것이다.
부모와 자녀가 서로 응하니 저절로 화기가 생긴다.
자녀 중 한 명은 불효를 면하기 어려우리라.
부모가 모범을 보이면 자녀는 바른 길을 갈 것이다.

## 9. 천액성(天厄星)

천액입명 자녀득병(天厄入命 子女得病)
자궁유액 병자난양(子宮有厄 病子難養)
천리사막 전도막막(千里沙漠 前途寞寞)
슬하무덕 병자심우(膝下無德 病子深憂)
지성기도 병자구원(至誠祈禱 病子救援)
부모정도 자녀효도(父母正道 子女孝道)

자녀궁이 천액성에 해당하니 자녀가 병에 걸릴 것이다.
자녀궁에 액이 있는데 병든 자녀를 키우는 일이다.
천리가 사막이며 앞길이 막막하도다.

자녀의 덕이 없으니 병든 자식 때문에 근심할 것이다.

그러나 지성으로 기도하면 병든 자식을 구할 수 있다.

부모가 바른 길을 가면 자녀는 효도할 것이다.

## 10. 천파성(天破星)

천파입명 자녀단명(天破入命 子女短命)

수다자식 도중손실(雖多子息 途中損失)

고목생아 구불득고(枯木生芽 求不得苦)

잡귀침래 방액신지(雜鬼侵來 防厄愼之)

지성도액 일자무사(至誠渡厄 一子無事)

대신수고 자녀무난(代身受苦 子女無難)


자녀궁이 천파성에 해당하니 자녀의 명이 짧을 것이다.

비록 자녀를 많이 두어도 사고나 질병으로 잃으리라.

고목에 싹이 튼 형상이니 구하기 어려울 것이다.

잡귀가 침범했으니 재앙을 예방하라.

정성으로 액을 피하면 자녀 중 한 명 정도는 무사할 수 있다.

부모가 수고하면 자녀가 무난할 수 있다.

## 11. 천인성(天刃星)

천인입명 자녀고전(天刃入命 子女苦戰)

백지성중 평안자궁(百至誠中 平安子宮)

약마중임 설상가상(弱馬重任 雪上加霜)

수다자녀 무출무영(雖多子女 無出無榮)

부자무연 임종무자(父子無緣 臨終無子)

부모봉사 자녀영화(父母奉仕 子女榮華)


자녀궁이 천인성에 해당하니 자녀가 고전할 것이다.

백 번 정성을 드리면 자녀궁이 평안하리라.

약한 말이 무거운 짐을 진 형상이니 설상가상이구나.

비록 자녀가 많으나 출세하는 자녀도 영화를 누리는 자녀도 없다.

부모와 자녀가 인연이 없으니 임종을 지키는 자식도 없다.

그러나 부모가 봉사하면 자녀에게 영화가 따를 수 있다.


## 12. 천수성(天壽星)

천수입명 자녀천수(天壽入命 子女天壽)

욕보자궁 명산헌공(欲保子宮 名山獻供)

지성감천 이자출세(至誠感天 二子出世)

석전종두 하처의근(石田種豆 何處依根)

북두치성 점차장수(北斗致誠 漸次長壽)
부모수고 자녀무난(父母受苦 子女無難)

자녀궁이 천수성에 해당하니 자녀가 천수를 누릴 것이다.
자녀궁을 보호하려면 명산대천을 찾아가 헌공하라.
지성으로 기도하면 자녀 둘이 출세할 수 있을 것이다.
돌밭에 콩을 심은 형상이니 뿌리가 어디에 의지해 살겠는가.
북두칠성님께 지성을 드리면 자녀들이 점점 장수할 수 있다.
부모가 대신 수고하면 자녀가 무난하리라.

# 5. 동업운

살다보면 동업을 해야 하는 경우가 있는데 좋은 인연을 만나야
성공할 수 있다. 동업운을 보는 방법은 나의 생월(生月)을 기준으
로 동업자의 생월(生月)을 비교한 후 당사주의 십이인연을 찾아보
면 된다. 예를 들어 3월생인데 동업자가 9월생이면 천귀성(天貴星)
에 해당하니 좋은 인연이고, 4월생인데 동업자도 같은 4월생이면
천파성(天破星)에 해당하니 동업을 하면 안 되는 악연이다.

## 1. 천역성(天驛星)

천역입명 동업분주(天驛入命 同業奔走)

# 동업운 도표

| 운<br>월 | 天驛 | 天文 | 天福 | 天貴 | 天權 | 天奸 | 天藝 | 天孤 | 天厄 | 天破 | 天刃 | 天壽 |
|---|---|---|---|---|---|---|---|---|---|---|---|---|
| 1 | 巳 | 午 | 未 | 申 | 酉 | 戌 | 亥 | 子 | 丑 | 寅 | 卯 | 辰 |
| 2 | 午 | 未 | 申 | 酉 | 戌 | 亥 | 子 | 丑 | 寅 | 卯 | 辰 | 巳 |
| 3 | 未 | 申 | 酉 | 戌 | 亥 | 子 | 丑 | 寅 | 卯 | 辰 | 巳 | 午 |
| 4 | 申 | 酉 | 戌 | 亥 | 子 | 丑 | 寅 | 卯 | 辰 | 巳 | 午 | 未 |
| 5 | 酉 | 戌 | 亥 | 子 | 丑 | 寅 | 卯 | 辰 | 巳 | 午 | 未 | 申 |
| 6 | 戌 | 亥 | 子 | 丑 | 寅 | 卯 | 辰 | 巳 | 午 | 未 | 申 | 酉 |
| 7 | 亥 | 子 | 丑 | 寅 | 卯 | 辰 | 巳 | 午 | 未 | 申 | 酉 | 戌 |
| 8 | 子 | 丑 | 寅 | 卯 | 辰 | 巳 | 午 | 未 | 申 | 酉 | 戌 | 亥 |
| 9 | 丑 | 寅 | 卯 | 辰 | 巳 | 午 | 未 | 申 | 酉 | 戌 | 亥 | 子 |
| 10 | 寅 | 卯 | 辰 | 巳 | 午 | 未 | 申 | 酉 | 戌 | 亥 | 子 | 丑 |
| 11 | 卯 | 辰 | 巳 | 午 | 未 | 申 | 酉 | 戌 | 亥 | 子 | 丑 | 寅 |
| 12 | 辰 | 巳 | 午 | 未 | 申 | 酉 | 戌 | 亥 | 子 | 丑 | 寅 | 卯 |

타향객지 사인각거(他鄕客地 四人各去)

수유다우 이우유익(雖有多友 二友有益)

동업동창 동기이생(同業同窓 同氣而生)

신의최선 동업동영(信義最善 同業同榮)

동업우애 재신희조(同業友愛 財神喜助)


동업운이 천역성에 해당하니 이 사람과 동업하면 분주할 것이다.

객지에서 네 명을 만나나 각자 행동할 것이다.

비록 동업자를 많이 만나지만 둘만 유익하리라.

동업자나 동창은 같은 기운을 받은 사람들이다.

최선을 다하여 신의를 지키면 동업자와 함께 영화를 누릴 수 있다.

동업자와 우애가 좋으면 재물신이 도와주실 것이다.


## 2 천문성(天文星)


천문입명 동업학문(天文入命 同業學文)

가내평안 수화기제(家內平安 水火旣濟)

동업길연 동업대성(同業吉緣 同業大成)

재능각자 합심화동(才能各者 合心和同)

상세논지 이인각성(詳細論之 二人各成)

붕우유신 자리이타(朋友有信 自利利他)

동업운이 천문성에 해당하니 이 사람과 동업하면 배움이 있을 것이다.

평안하며 서로 조화를 잘 이룰 것이다.

좋은 인연이니 동업으로 크게 성공하리라.

각각 다른 재능으로 합심할 것이다.

상세하게 논하면 둘이 모두 성공할 것이다.

동업자와는 친구와 같은 믿음이 있어야 서로 이익이 된다.

## 3. 천복성(天福星)

천복입명 동업복록(天福入命 同業福祿)

천지유정 사업성공(天地有情 事業成功)

동창유리 문장현달(同窓有利 文章顯達)

수다동업 각자성공(雖多同業 各者成功)

의리최선 영수복록(義理最善 永受福祿)

택우교제 자리이타(擇友交際 自利利他)


동업운이 천복성에 해당하니 이 사람과 동업하면 복이 많을 것이다.

천지가 유정하니 하는 일이 성공할 것이다.

동창이 유리하며 문장이 현달할 것이다.

동업자가 많아도 모두 성공할 것이다.

동업자와 의리를 잘 지키면 영원히 복록이 따를 것이다.

좋은 동업자를 만났으니 서로 이로우리라.

## 4. 천귀성(天貴星)

천귀입명 동업천귀(天貴入命 同業天貴)

전생길연 금세익우(前生吉緣 今世益友)

동업지운 합심성공(同業之運 合心成功)

동업우애 사시춘풍(同業友愛 四時春風)

횡재다익 일석이조(橫財多益 一石二鳥)

길운도래 만사순성(吉運到來 萬事順成)

동업운이 천귀성에 해당하니 이 사람과 동업하면 귀인이 도와줄 것이다.

전생의 좋은 인연을 금생에서 좋은 친구로 만난 형상이다.

동업운이 좋으니 합심하면 성공할 것이다.

동업자와 우애가 돈독하니 사시사철 춘풍이 불어오리라.

횡재와 이익이 많고 일석이조가 따를 것이다.

좋은 운을 만났으니 만사가 순조로울 것이다.

## 5. 천권성(天權星)

천권입명 아신득권(天權入命 我身得權)

재물충만 동업다복(財物充滿 同業多福)

동업지간 의사상합(同業之間 意思相合)

사인동업 삼인성공(四人同業 三人成功)

혹유이인 각각성가(或有二人 各各成家)

중천태양 천지광명(中天太陽 天地光明)


동업운이 천권성에 해당하니 이 사람과 동업하면 권력을 잡을 것이다.

재물이 충만하며 동업의 복이 많으리라.

동업자와 의견이 잘 맞을 것이다.

네 명이 동업하면 세 명이 성공하리라.

만일 둘이 동업하면 모두 성공할 것이다.

중천에 뜬 태양과 같으니 천지가 밝으리라.


## 6. 천간성(天奸星)


천간입명 동업다지(天奸入命 同業多智)

수유다지 구설난면(雖有多智 口舌難免)

재가다번 출외심활(在家多煩 出外心活)

삼인동업 도중일실(三人同業 途中一失)

동업내조 전화위복(同業來助 轉禍爲福)

붕우유신 행즉우행(朋友有信 行卽友行)


동업운이 천간성에 해당하니 이 사람과 동업하면 지혜가 따를 것이다.

그러나 비록 지혜는 많이 따르나 구설을 면하기는 어려우리라.

집에 있으면 번뇌가 많고 나가면 마음이 활달해질 것이다.

세 명이 동업을 하나 중간에 한 명을 잃을 것이다.

지혜로운 동업자의 도움으로 재앙이 복으로 변할 것이다.

동업자와 신의를 지키며 함께 가야 한다.

## 7. 천예성(天藝星)

천예입명 동업예인(天藝入命 同業藝人)

삼인득기 우애만당(三人得氣 友愛滿堂)

동업화합 사방앙시(同業和合 四方仰視)

무단언쟁 동서분재(無端言爭 東西分在)

이익분배 물구과욕(利益分配 勿求過慾)

유무상통 진실우애(有無相通 眞實友愛)

동업운이 천예성에 해당하니 이 사람과 동업하면 예술이 따를 것이다.

세 명이 동업하여 모두 성공하며 우애가 좋으리라.

동업자와 우애가 있고 화합하니 사방에서 부러움을 받을 것이다.

그러나 갑자기 언쟁이 생기면 깨질 수도 있으니 조심하라.

이익을 분배할 때는 과욕을 부리지 말라.

이익을 따지지 말고 진실로 우애를 지켜라.

## 8. 천고성(天孤星)

천고입명 동업고독(天孤入命 同業孤獨)
의견차이 이인각거(意見差異 二人各居)
언쟁이별 불연풍상(言爭離別 不然風霜)
혹다동업 다우반도(或多同業 多友半盜)
사기의식 이적지도(私其衣食 夷狄之徒)
신의중시 전화위복(信義重視 轉禍爲福)

동업운이 천고성에 해당하니 이 사람과 동업하면 고독할 것이다.
동업자와 의견이 달라 헤어지리라.
언쟁하다 이별하거나 뜻밖의 풍상을 겪을 것이다.
만일 동업자가 많으면 틀림없이 반은 도적일 것이다.
의식문제로 사사로운 욕심을 부리면 오랑캐나 다름이 없다.
신의를 중요하게 여기면 전화위복이 될 것이다.

## 9. 천액성(天厄星)

천액입명 동업득병(天厄入命 同業得病)
약유동업 무정상심(若有同業 無情傷心)
논기성정 필유고집(論其性情 必有固執)
동업지간 금전언쟁(同業之間 金錢言爭)

친근불리 무심유리(親近不利 無心有利)
언쟁소송 정당방위(言爭訴訟 正當防衛)

동업운이 천액성에 해당하니 이 사람과 동업하면 병을 얻을 것이다.
이 사람과 동업하면 서로 무정하며 상심할 일이 많으리라.
동업자는 반드시 고집이 센 사람일 것이다.
동업자와 금전문제로 언쟁이 많을 것이다.
이 사람과는 친근하면 불리하고 무심하면 유리하다.
만일 언쟁이나 소송이 생기면 정당하게 막아라.

## 10. 천파성(天破星)

천파입명 일우단명(天破入命 一友短命)
악우상봉 불연단신(惡友相逢 不然單身)
인연희박 무심상길(因緣稀薄 無心相吉)
백인내중 동업화합(百忍耐中 同業和合)
사고무친 노력성공(四顧無親 努力成功)
동업유실 은이물양(同業有失 隱而勿揚)

동업운이 천파성에 해당하니 이 사람과 동업하면 오래 가지 못한다.
나쁜 친구를 만난 형상이니 갑자기 혼자가 될 것이다.
인연이 희박하니 서로 무심한 것이 좋다.

그러나 참고 또 참으면 화합할 수 있을 것이다.

도와줄 사람이 아무도 없으니 노력만이 성공하는 길이다.

만일 동업자에게 과실이 있으면 감싸주어라.

## 11. 천인성(天刃星)

천인입명 동업고전(天刃入命 同業苦戰)

연우희박 신부할족(緣友稀薄 信斧割足)

지동지서 별무호사(之東之西 別無好事)

금지동업 불리지사(禁止同業 不利之事)

만득화합 선고후락(晚得和合 先苦後樂)

동업유난 민이사구(同業有難 悶而思救)


동업운이 천인성에 해당하니 이 사람과 동업하면 고전할 것이다.

인연이 희박하며 믿는 도끼에 발등을 찍히는 형상이 되리라.

동으로 가고 서로 가지만 별로 좋은 일이 없을 것이다.

이 사람과 동업하면 불리한 일만 생기니 동업 하지 말라.

그러나 선고후락으로 만년에는 화합할 수 있다.

만일 동업자가 어려움에 처하면 근심하며 구해주어야 한다.

## 12. 천수성(天壽星)

천수입명 동업장수(天壽入命 同業長壽)

삼인동업 무해무덕(三人同業 無害無德)

동업무덕 수조아신(同業無德 誰助我身)

점차회복 해원성사(漸次回復 解怨聖事)

수유객우 기고동업(雖有客友 豈故同業)

아유환락 동업역락(我有歡樂 同業亦樂)


동업운이 천수성에 해당하니 이 사람과 동업하면 오래갈 것이다.

세 명이 동업하면 서로 무해무덕하리라.

동업운이 없으니 누가 나를 도와주겠는가.

그러나 점점 회복되어 원한이 풀어지리라.

비록 객지에서 동업자를 만나나 어찌 고향의 동업자만 하겠는가.

내가 기쁘고 즐거우면 동업자도 즐거워하리라.


# 6. 애인운


애인운은 미혼자에게는 장차 결혼할 상대를 보는 것이고, 기혼자에게는 배우자 외의 애인을 보는 것이다. 좋은 인연을 만나면 서로 즐겁고 복이 따르나 나쁜 인연을 만나면 서로에게 해가 된다. 애인운을 보는 방법은 자신의 생월(生月)과 애인의 생월(生月)을 비교해서 본다.

## 애인운 도표

| 운\월 | 天驛 | 天文 | 天福 | 天貴 | 天權 | 天奸 | 天藝 | 天孤 | 天厄 | 天破 | 天刃 | 天壽 |
|---|---|---|---|---|---|---|---|---|---|---|---|---|
| 1 | 巳 | 午 | 未 | 申 | 酉 | 戌 | 亥 | 子 | 丑 | 寅 | 卯 | 辰 |
| 2 | 午 | 未 | 申 | 酉 | 戌 | 亥 | 子 | 丑 | 寅 | 卯 | 辰 | 巳 |
| 3 | 未 | 申 | 酉 | 戌 | 亥 | 子 | 丑 | 寅 | 卯 | 辰 | 巳 | 午 |
| 4 | 申 | 酉 | 戌 | 亥 | 子 | 丑 | 寅 | 卯 | 辰 | 巳 | 午 | 未 |
| 5 | 酉 | 戌 | 亥 | 子 | 丑 | 寅 | 卯 | 辰 | 巳 | 午 | 未 | 申 |
| 6 | 戌 | 亥 | 子 | 丑 | 寅 | 卯 | 辰 | 巳 | 午 | 未 | 申 | 酉 |
| 7 | 亥 | 子 | 丑 | 寅 | 卯 | 辰 | 巳 | 午 | 未 | 申 | 酉 | 戌 |
| 8 | 子 | 丑 | 寅 | 卯 | 辰 | 巳 | 午 | 未 | 申 | 酉 | 戌 | 亥 |
| 9 | 丑 | 寅 | 卯 | 辰 | 巳 | 午 | 未 | 申 | 酉 | 戌 | 亥 | 子 |
| 10 | 寅 | 卯 | 辰 | 巳 | 午 | 未 | 申 | 酉 | 戌 | 亥 | 子 | 丑 |
| 11 | 卯 | 辰 | 巳 | 午 | 未 | 申 | 酉 | 戌 | 亥 | 子 | 丑 | 寅 |
| 12 | 辰 | 巳 | 午 | 未 | 申 | 酉 | 戌 | 亥 | 子 | 丑 | 寅 | 卯 |

# 1. 천역성(天驛星)

천역입명 애인역마(天驛入命 愛人驛馬)

애인각각 동분서주(愛人各各 東奔西走)

선쟁후화 인내최길(先爭後和 忍耐最吉)

궁합평범 반길반흉(宮合平凡 半吉半凶)

고진감래 인내최길(苦盡甘來 忍耐最吉)

애인화순 가도성의(愛人和順 家道成矣)

애인운이 천역성에 해당하니 이 사람을 만나면 분주할 것이다.

각자 동분서주하리라.

먼저는 다투나 나중에는 화합하니 참고 또 참아라.

궁합은 평범하니 반은 길하고 반은 흉하다.

고생 끝에 낙이 오는 법이니 참는 것이 최선이다.

애인과 화순하게 지내면 가정을 이루리라.

# 2. 천문성(天文星)

천문입명 애인학문(天文入命 愛人學文)

애인호학 문장성가(愛人好學 文章成家)

화다쟁소 희장비단(和多爭少 喜長悲短)

침실화락 희락만당(寢室和樂 喜樂滿堂)

애인동심 이심전심(愛人同心 以心傳心)

다길소흉 가정원화(多吉少凶 家庭圓和)


애인운이 천문성에 해당하니 이 사람을 만나면 학문이 따를 것이다.

애인이 학문을 좋아하니 문장으로 성공하리라.

약간의 다툼이 있으나 화합이 잘 되니 기쁨은 길고 슬픔은 짧다.

침실이 화락하니 기쁨과 즐거움이 가득하도다.

애인과 한마음이니 서로 잘 통할 것이다.

길함은 많고 흉함은 적으니 가정이 원만하며 화목하리라.


## 3. 천복성(天福星)


천복입명 애인다복(天福入命 愛人多福)

복성내림 오복구비(福星來臨 五福具備)

일심동체 주야화락(一心同體 晝夜和樂)

애인상애 가내화합(愛人相愛 家內和合)

상신상의 제사순성(相信相依 諸事順成)

궁합대길 백년해로(宮合大吉 百年偕老)


애인운이 천복성에 해당하니 이 사람을 만나면 복이 많을 것이다.

천복성이 임했으니 오복을 모두 갖추리라.

애인과 일심동체이니 주야로 행복할 것이다.

서로 사랑하니 집안이 화목하리라.

서로 믿고 의지하니 모든 일이 순조로울 것이다.

궁합이 매우 좋으니 백년해로할 수 있다.

## 4. 천귀성(天貴星)

천귀입명 애인귀인(天貴入命 愛人貴人)

귀성내림 오복구비(貴星來臨 五福具備)

상부상조 만사형통(相扶相助 萬事亨通)

천생길연 부귀영화(天生吉緣 富貴榮華)

위생위사 최길궁합(爲生爲死 最吉宮合)

다정화순 백년해로(多情和順 百年偕老)


애인운이 천귀성에 해당하니 이 사람을 만나면 귀인이 도와줄 것이다.

귀인의 별이 임했으니 오복을 모두 누리리라.

서로 상부상조하니 만사가 형통하리라.

천생의 길연을 만났으니 부귀영화가 따를 것이다.

가장 좋은 궁합으로 서로를 위해 살고 죽으리라.

다정하며 화순하게 백년해로 할 것이다.

## 5. 천권성(天權星)

천권입명 애인득권(天權入命 愛人得權)
권운내림 고관출세(權運來臨 高官出世)
애정충만 백년해로(愛情充滿 百年偕老)
애인만족 타인불침(愛人滿足 他人不侵)
애인동주 공동운명(愛人同舟 共同運命)
상부상조 만인앙시(相扶相助 萬人仰視)

애인운이 천권성에 해당하니 이 사람을 만나면 권세를 얻을 것이다.

권세의 별이 임했으니 높은 자리에 오르며 출세하리라.

애정이 충만하며 백년해로할 것이다.

서로 만족하니 다른 사람이 침범하지 못할 것이다.

애인과 한 배를 탄 형상으로 운명을 함께 하리라.

서로 돕고 힘이 되어 주니 만인의 부러움을 받으리라.

## 6. 천간성(天奸星)

천간입명 애인다지(天奸入命 愛人多智)
다득소실 감소예방(多得少失 減少豫防)
다정화순 길중소흉(多情和順 吉中小凶)
조합유리 만합불리(早合有利 晩合不利)

다길소흉 길복인연(多吉少凶 吉福因緣)

건도강직 곤덕유순(乾道剛直 坤德柔順)

애인운이 천간성에 해당하니 이 사람을 만나면 지혜가 따를 것이이다.

얻는 것이 많으나 잃는 것도 있으니 미리 방지하는 것이 좋다.

다정하고 화순하며 길하나 흉함이 따를 수도 있다.

일찍 만났으면 유리하고 늦게 만났으면 불리하다.

길복이 많은 인연으로 길함이 많고 흉함은 적으리라.

남자는 강직하고 여자는 유순해야 좋다.

## 7. 천예성(天藝星)

천예입명 애인예인(天藝入命 愛人藝人)

예성내림 풍류호예(藝星來臨 風流好藝)

점차대립 의견차이(漸次對立 意見差異)

궁합반길 상애인외(宮合半吉 傷愛人畏)

선쟁후화 인내최길(先爭後和 忍耐最吉)

내불언외 외불언내(內不言外 外不言內)

애인운이 천예성이니 이 사람을 만나면 예술과 인연이 있을 것이다.

예술의 별이 임했으니 풍류와 예술을 좋아하리라.

그러나 점점 대립하며 갈등을 겪을 수 있으니 조심하라.

궁합이 반은 길하고 반은 흉하니 애인을 잃을까 염려된다.

먼저는 다투나 나중에는 화합하니 참고 또 참아라.

서로의 일에 간섭하지 않는 것이 좋다.

## 8. 천고성(天孤星)

천고입명 애인고독(天孤入命 愛人孤獨)

퇴성내림 가정풍파(退星來臨 家庭風波)

독수공방 고안독비(獨守空房 孤雁獨飛)

애궁적막 야중비루(愛宮寂寞 夜中悲淚)

궁합박연 노력요망(宮合薄緣 努力要望)

환난상휼 전화위복(患難相恤 轉禍爲福)


애인운이 천고성에 해당하니 이 사람을 만나면 고독할 것이다.

후퇴하는 별이 임했으니 가정에 풍파가 따를 것이다.

독수공방하며 홀로 날아가는 기러기처럼 고독하리라.

애인궁이 적막하니 밤중에 홀로 눈물을 흘릴까 염려된다.

궁합이 희박하니 반드시 노력해야 한다.

그러나 어려움에 처해도 서로 도우면 화가 복으로 변할 수 있다.

## 9. 천액성(天厄星)

천액입명 애인득병(天厄入命 愛人得病)

투병생활 간호노고(鬪病生活 看護努苦)

애인상극 언행충돌(愛人相剋 言行衝突)

전생원수 금생상봉(前生怨讐 今生相逢)

애인유애 합당궁합(愛人有愛 合當宮合)

합심노력 차액반면(合心努力 此厄半免)


애인운이 천액성에 해당하니 이 사람을 만나면 병을 얻을 것이다.

병과 싸우며 치료하느라 수고가 많으리라.

애인과 상극하는 운이니 언행충돌을 조심하라.

전생의 원수를 금생에서 만난 형상이니 어찌하겠는가.

애인을 사랑하며 궁합이 잘 맞아야 오래 간다.

그러나 둘이 합심하여 노력하면 액을 줄일 수 있으리라.


## 10. 천파성(天破星)

천파입명 애인파가(天破入命 愛人破家)

상극악연 야중고읍(相剋惡緣 夜中孤泣)

원수악연 장벽격산(怨讐惡緣 障壁隔山)

전생악연 금생상봉(前生惡緣 今生相逢)

합심노력 전화위복(合心努力 轉禍爲福)

위생위사 회복묘방(爲生爲死 回復妙方)

애인운이 천파성에 해당하니 이 사람을 만나면 가정이 깨질 것이다.

서로 극하는 악연이니 밤중에 홀로 눈물을 흘리리라.

악연인 원수를 만난 형상으로 두 사람 사이에 큰 장벽이 있다.

전생의 악연을 금생에서 만난 형상이니 어찌하겠는가.

그러나 서로 합심하여 노력하면 전화위복이 될 수 있으리라.

서로를 위해 살고 죽는 길만이 회복하는 방법이다.

## 11. 천인성(天刃星)

천인입명 애인고전(天刃入命 愛人苦戰)

고성침래 고난불리(苦星侵來 苦難不離)

애인심증 타인친근(愛人深憎 他人親近)

장벽불소 도중이별(障壁不消 途中離別)

내외유별 상경여빈(內外有別 相敬如賓)

건도화의 곤덕유순(乾道和義 坤德柔順)

애인운이 천인성에 해당하니 이 사람을 만나면 고전할 것이다.

고통의 별이 임했으니 고난을 면하기 어렵다.

애인을 증오하며 다른 사람과 가까이 지낼 것이다.

장벽이 아직 남아 있으니 중간에 이별할까 두렵다.

내외는 구별이 있으니 서로 손님 대하듯이 공경하라.

남자는 온화하며 정의롭고 여자는 순하며 부드러워야 한다.


## 12. 천수성(天壽星)

천수입명 애인장수(天壽入命 愛人長壽)

회성내림 점차개운(回星來臨 漸次開運)

업장불소 연속적공(業障不消 連續積功)

지하전쟁 인내최길(地下戰爭 忍耐最吉)

고진감래 전화위복(苦盡甘來 轉禍爲福)

건창곤수 애도성의(乾唱坤隨 愛道成矣)


애인운이 천수성에 해당하니 이 사람을 만나면 오래 갈 것이다.

회복하는 별이 임했으니 운이 점점 좋아지리라.

그러나 아직 업장이 남아 있으니 공덕을 더 쌓아라.

항상 보이지 않는 갈등이 있으니 참는 것이 최선이다.

고생 끝에 낙이 오고 화가 복으로 변할 수 있으니 노력하라.

남자는 이끌고 여자는 따르면 사랑을 이룰 수 있으리라.

# 7. 금년운

금년운은 올해의 운으로 신수(身數)라고도 한다. 금년운은 한 해 동안의 운세를 좌우하므로 매우 중요하고, 또 한 해를 맞이하면서 새로운 계획을 세워야 할 때도 참고하면 좋다. 금년운을 보는 방법은 생월(生月)과 올해의 띠를 대조해서 본다.

예를 들어 1월생인데 올해가 사(巳)년이면 천역성(天驛星)에 해당하고, 2월생인데 올해가 경(庚)년이면 천복성(天福星)에 해당한다. 그리고 천간(天干)으로는 상반기 운을 보고, 지지(地支)로는 하반기 운을 본다.

## 1. 천역성(天驛星)

천역입명 금년역마(天驛入命 今年驛馬)
금년각각 동분서주(今年各各 東奔西走)
선쟁후화 인내최길(先爭後和 忍耐最吉)
궁합평범 반길반흉(宮合平凡 半吉半凶)
고진감래 인내최길(苦盡甘來 忍耐最吉)
금년화순 대체평안(今年和順 大體平安)

금년은 천역성에 해당하니 분주할 것이다.
각각 바쁘게 살아가리라.

# 금년운 도표

| 운＼월 | 天驛 | 天文 | 天福 | 天貴 | 天權 | 天奸 | 天藝 | 天孤 | 天厄 | 天破 | 天刃 | 天壽 |
|---|---|---|---|---|---|---|---|---|---|---|---|---|
| 1 | 丙戊己 | 丁己午 | 未 | 庚申 | 辛酉 | 戌 | 壬亥 | 癸子 | 丑 | 甲寅 | 乙卯 | 辰 |
| 2 | 丁己午 | 未 | 庚申 | 辛酉 | 戌 | 壬亥 | 癸子 | 丑 | 甲寅 | 乙卯 | 辰 | 丙戊己 |
| 3 | 未 | 庚申 | 辛酉 | 戌 | 壬亥 | 癸子 | 丑 | 甲寅 | 乙卯 | 辰 | 丙戊己 | 丁己午 |
| 4 | 庚申 | 辛酉 | 戌 | 壬亥 | 癸子 | 丑 | 甲寅 | 乙卯 | 辰 | 丙戊己 | 丁己午 | 未 |
| 5 | 辛酉 | 戌 | 壬亥 | 癸子 | 丑 | 甲寅 | 乙卯 | 辰 | 丙戊己 | 丁己午 | 未 | 庚申 |
| 6 | 戌 | 壬亥 | 癸子 | 丑 | 甲寅 | 乙卯 | 辰 | 丙戊己 | 丁己午 | 未 | 庚申 | 辛酉 |
| 7 | 壬亥 | 癸子 | 丑 | 甲寅 | 乙卯 | 辰 | 丙戊己 | 丁己午 | 未 | 庚申 | 辛酉 | 戌 |
| 8 | 癸子 | 丑 | 甲寅 | 乙卯 | 辰 | 丙戊己 | 丁己午 | 未 | 庚申 | 辛酉 | 戌 | 壬亥 |
| 9 | 丑 | 甲寅 | 乙卯 | 辰 | 丙戊己 | 丁己午 | 未 | 庚申 | 辛酉 | 戌 | 壬亥 | 癸子 |
| 10 | 甲寅 | 乙卯 | 辰 | 丙戊己 | 丁己午 | 未 | 庚申 | 辛酉 | 戌 | 壬亥 | 癸子 | 丑 |
| 11 | 乙卯 | 辰 | 丙戊己 | 丁己午 | 未 | 庚申 | 辛酉 | 戌 | 壬亥 | 癸子 | 丑 | 甲寅 |
| 12 | 辰 | 丙戊己 | 丁己午 | 未 | 庚申 | 辛酉 | 戌 | 壬亥 | 癸子 | 丑 | 甲寅 | 乙卯 |

먼저는 다투나 나중에는 화합하니 참고 또 참아라.

궁합은 평범하니 반은 길하고 반은 흉하다.

고생 끝에 낙이 오는 법이니 참고 또 참아라.

금년은 화합하며 순성하니 대체로 평안하리라.

## 2. 천문성(天文星)

천문입명 금년학문(天文入命 今年學文)

금년호학 문장성가(今年好學 文章成家)

화다쟁소 희장비단(和多爭少 喜長悲短)

침실화락 희락만당(寢室和樂 喜樂滿堂)

금년동심 이심전심(今年同心 以心傳心)

다길소흉 사업원화(多吉少凶 事業圓和)


금년은 천문성에 해당하니 학문이 따를 것이다.

학문을 좋아하며 문장을 이루리라.

약간의 다툼이 있으나 화합이 잘 되니 기쁨은 길고 슬픔은 짧다.

침실이 화락하니 즐거움과 기쁨이 가득하리라.

금년은 한마음이 되는 해이니 사람들과 잘 통할 것이다.

길함이 많고 흉함이 적으니 하는 일이 원만하리라.

## 3. 천복성(天福星)

천복입명 금년다복(天福入命 今年多福)

복성내림 오복구비(福星來臨 五福具備)

일심동체 주야천국(一心同體 晝夜天國)

금년상생 사업화합(今年相生 事業和合)

상신상의 제사순성(相信相依 諸事順成)

궁합대길 오복자래(宮合大吉 五福自來)

금년은 천복성에 해당하니 복을 많이 받을 것이다.

천복성이 임했으니 오복을 모두 갖추리라.

사람들과 일심동체이니 밤낮으로 행복할 것이다.

금년은 상생하는 해이니 하는 일이 잘 되리라.

사람들과 서로 믿고 의지하니 모든 일이 순조롭다.

금년은 대길한 해이니 오복이 저절로 들어오리라.

## 4. 천귀성(天貴星)

천귀입명 금년귀인(天貴入命 今年貴人)

귀성내림 오복구비(貴星來臨 五福具備)

상부상조 만사형통(相扶相助 萬事亨通)

태세대길 부귀영화(太歲大吉 富貴榮華)

상부상조 최길궁합(相扶相助 最吉宮合)

만사형통 재관구비(萬事亨通 財官具備)

금년은 천귀성에 해당하니 귀인을 만날 것이다.

귀인의 별이 임했으니 오복을 모두 갖추리라.

사람들과 상부상조하니 만사가 형통하리라.

금년은 대길한 해이니 부귀영화가 따를 것이다.

매우 길한 운으로 사람들과 상부상조하리라.

만사가 형통하며 재물과 관직을 모두 이룰 것이다.

## 5. 천권성(天權星)

천권입명 금년득권(天權入命 今年得權)

권운내림 고관출세(權運來臨 高官出世)

관운충만 출세승진(官運充滿 出世昇進)

금년만족 마장불침(今年滿足 魔障不侵)

귀인동주 공동운명(貴人同舟 共同運命)

상부상조 만인앙시(相扶相助 萬人仰視)

금년은 천권성에 해당하니 권세를 얻을 것이다.

권세의 별이 임했으니 높이 자리에 오르며 출세하리라.

또 관운이 충만하니 출세와 승진이 따를 것이다.

금년은 모든 면에 만족하는 운이니 마장이 침범하지 못한다.

귀인과 한 배를 탄 형상이니 매우 길하다.

서로 돕고 힘이 되어 주니 만인의 부러움을 받으리라.

## 6. 천간성(天奸星)

천간입명 금년다지(天奸入命 今年多智)

다득소실 감소예방(多得少失 減少豫防)

다정화순 길중소흉(多情和順 吉中小凶)

조지유리 만지불리(早智有利 晚智不利)

다길소흉 길복태세(多吉少凶 吉福太歲)

건도관대 곤덕양처(乾道寬大 坤德良妻)


금년은 천간성에 해당하니 지혜가 많이 따를 것이다.

얻는 것이 많으나 잃는 것도 있으니 미리 방지하는 것이 좋다.

다정하고 화순하며 길하나 흉함이 따를 수도 있다.

지혜를 일찍 발휘하면 이익이 있으나 늦으면 불리하다.

길함이 많고 흉함은 적으니 대체로 길복이 많으리라.

남자는 관대하고 여자는 덕이 있어야 한다.

## 7. 천예성(天藝星)

천예입명 금년예인(天藝入命 今年藝人)

예성내림 풍류호예(藝星來臨 風流好藝)

점차대립 의견차이(漸次對立 意見差異)

태세반길 손재가외(太歲半吉 損財可畏)

선쟁후화 인내최길(先爭後和 忍耐最吉)

결과응무 막원천명(結果應無 莫怨天命)


금년은 천예성에 해당하니 예술과 인연이 있을 것이다.

예술의 별이 임했으니 풍류와 예술을 좋아하리라.

그러나 사람들과 점점 대립하며 갈등을 겪을 수 있으니 조심하라.

금년은 반은 길하고 반은 흉하니 재물을 잃을까 염려된다.

먼저는 다투나 나중에는 화합하니 참고 또 참아라.

결과가 좋지 않아도 하늘을 원망하지 말라.


## 8. 천고성(天孤星)

천고입명 금년고독(天孤入命 今年孤獨)

퇴성내림 가정풍파(退星來臨 家庭風波)

독수공방 고안독비(獨守空房 孤雁獨飛)

태세적막 야중비루(太歲寂寞 夜中悲淚)

금년박연 노력요망(今年薄緣 努力要望)

환난상휼 흉운반감(患難相恤 凶運半減)

금년은 천고성에 해당하니 고독할 것이다.

후퇴하는 별이 임했으니 가정에 풍파가 따르리라.

독수공방하며 홀로 날아가는 기러기처럼 고독할 것이다.

금년은 적막한 해이니 밤중에 홀로 눈물을 흘릴까 염려된다.

금년은 인연이 박한 해이니 노력하는 것이 가장 중요하다.

어려움에 처하더라도 서로 도우면 흉운이 반감되리라.

## 9. 천액성(天厄星)

천액입명 금년득병(天厄入命 今年得病)

투병생활 간호노고(鬪病生活 看護努苦)

금년상극 언행충돌(今年相剋 言行衝突)

전생원수 금생상봉(前生怨讐 今生相逢)

금년유인 양보최길(今年有忍 讓步最吉)

일심노력 차액반면(一心努力 此厄半免)

금년은 천액성에 해당하니 병을 얻을 것이다.

병과 싸우며 치료하느라 수고가 많으리라.

금년은 상극하는 운이니 언행충돌을 조심하라.

전생의 원수를 금생에서 만난 형상이니 어찌하겠는가.

금년에는 인내하며 양보하는 것이 가장 좋다.

그러나 한마음으로 노력하면 액을 줄일 수 있으리라.


## 10. 천파성(天破星)


천파입명 금년파가(天破入命 今年破家)

태세상극 악연상봉(太歲相剋 惡緣相逢)

원수상봉 낭패난면(怨讐相逢 狼狽難免)

전생악연 편도상봉(前生惡緣 偏道相逢)

백인내중 전화위복(百忍耐中 轉禍爲福)

극기복례 회복묘방(克己復禮 回復妙方)


금년은 천파성에 해당하니 가정이 깨질 것이다.

상극하는 해이니 악연을 만나리라.

원수를 만난 격이니 낭패를 면하기 어렵구나.

전생의 악연을 외나무 다리에서 만난 형상이니 어찌하겠는가.

그러나 참고 또 참으면 전화위복이 되리라.

자신을 극복하고 예를 지키는 것이 회복하는 방법이다.

## 11. 천인성(天刃星)

천인입명 금년고전(天刃入命 今年苦戰)

고성침래 고난불리(苦星侵來 苦難不離)

금년인증 난친타인(今年人憎 難親他人)

장벽불소 도중봉액(障壁不消 途中逢厄)

대인관계 공경여빈(對人關係 恭敬如賓)

금년난세 은인자중(今年亂世 隱忍自重)

금년은 천인성에 해당하니 고전할 것이다.

고통의 별이 침범했으니 고난을 면하기 어려우리라.

금년에는 사람들을 미워하며 가까이 지내기 어려울 것이다.

장벽이 아직 소멸되지 않았으니 도중에 액을 당하리라.

사람들을 손님 대하듯이 공경하라.

금년은 어려운 해이니 은인자중하라.

## 12 천수성(天壽星)

천수입명 금년안심(天壽入命 今年安心)

회성내림 점차개운(回星來臨 漸次開運)

업장불소 연속적공(業障不消 連續積功)

지하전쟁 인내최길(地下戰爭 忍耐最吉)

고진감래 전화위복(苦盡甘來 轉禍爲福)
복지부동 만사형통(伏地不動 萬事亨通)

금년은 천수성에 해당하니 편안할 것이다.
회복하는 별이 임했으니 운이 점점 좋아지리라.
그러나 아직 업장이 남아 있으니 공덕을 더 쌓아라.
항상 보이지 않는 갈등이 있으니 참는 것이 최선이다.
고생 끝에 낙이 오고 화가 복으로 변할 수 있으니 노력하라.
그러나 조용히 지내면 만사가 형통하리라.

# 제3장. 신살론(神殺論)

## 1. 십이인연(十二因緣)

　인생은 크게 초년·청년·중년·말년으로 나누고, 이 4단계를 각
각 다시 3단계로 나누어 운명을 본다. 이것을 12번의 변화를 겪는
다 해서 십이인연이라 한다. 사람들은 대개 이 십이인연의 작용으
로 행복할 때도 있고 불행할 때도 있다. 그래서 이 십이인연을 잘
파악해서 대책을 세운다면 흉운이라도 어느 정도는 막을 수 있으
니 잘 활용하면 도움이 많이 될 것이다. 십이인연을 보는 방법은
초년·청년·중년·말년 4단계로 나누어서 본다.

① 초년운(1세~20세)은 생월(生月)과 생년(生年)을 대조해서 본다.
② 청년운(21세~40세)은 생년(生年)과 생월(生月)을 대조해서 본
　다.

# 십이인연 도표

| 운<br>월 | 天驛 | 天文 | 天福 | 天貴 | 天權 | 天奸 | 天藝 | 天孤 | 天厄 | 天破 | 天刃 | 天壽 |
|---|---|---|---|---|---|---|---|---|---|---|---|---|
| 1 | 巳 | 午 | 未 | 申 | 酉 | 戌 | 亥 | 子 | 丑 | 寅 | 卯 | 辰 |
| 2 | 午 | 未 | 申 | 酉 | 戌 | 亥 | 子 | 丑 | 寅 | 卯 | 辰 | 巳 |
| 3 | 未 | 申 | 酉 | 戌 | 亥 | 子 | 丑 | 寅 | 卯 | 辰 | 巳 | 午 |
| 4 | 申 | 酉 | 戌 | 亥 | 子 | 丑 | 寅 | 卯 | 辰 | 巳 | 午 | 未 |
| 5 | 酉 | 戌 | 亥 | 子 | 丑 | 寅 | 卯 | 辰 | 巳 | 午 | 未 | 申 |
| 6 | 戌 | 亥 | 子 | 丑 | 寅 | 卯 | 辰 | 巳 | 午 | 未 | 申 | 酉 |
| 7 | 亥 | 子 | 丑 | 寅 | 卯 | 辰 | 巳 | 午 | 未 | 申 | 酉 | 戌 |
| 8 | 子 | 丑 | 寅 | 卯 | 辰 | 巳 | 午 | 未 | 申 | 酉 | 戌 | 亥 |
| 9 | 丑 | 寅 | 卯 | 辰 | 巳 | 午 | 未 | 申 | 酉 | 戌 | 亥 | 子 |
| 10 | 寅 | 卯 | 辰 | 巳 | 午 | 未 | 申 | 酉 | 戌 | 亥 | 子 | 丑 |
| 11 | 卯 | 辰 | 巳 | 午 | 未 | 申 | 酉 | 戌 | 亥 | 子 | 丑 | 寅 |
| 12 | 辰 | 巳 | 午 | 未 | 申 | 酉 | 戌 | 亥 | 子 | 丑 | 寅 | 卯 |

③ 중년운(41~60세)은 생월(生月)과 생일(生日)을 대조해서 본다.

④ 말년운(61세~)은 생월(生月)과 생시(生時)를 대조해서 본다.

## 1. 천역성(天驛星)

천역입명 동분서주(天驛入命 東奔西走)

예방준비 현상유지(豫防準備 現狀維持)

내부정비 기력양성(內部整備 氣力養成)

혁명개혁 매사신중(革命改革 每事愼重)

사업시작 작전계획(事業始作 作戰計劃)

명에 천역성이 임했으니 동분서주할 것이다.

예방하고 준비하면 현상은 유지할 수 있으리라.

내부를 정비하고 힘을 키워라.

혁명이나 개혁을 할 때는 매사에 신중하라.

무슨 일을 시작하려면 계획을 치밀하게 잘 세워라.

## 2. 천문성(天文星)

천문입명 호학문장(天文入命 好學文章)

개운회복 변동변화(開運回復 變動變化)

해방자유 미화장식(解放自由 美化粧飾)

양단결정 욕망대다(兩端決定 慾望大多)

견실확고 발달발전(堅實確固 發達發展)


명에 천문성이 임했으니 학문과 문장을이 따를 것이다.

운이 좋아지며 회복되니 변화가 생길 것이다.

운세가 풀려 자유로워지니 아름답게 꾸며야 길하다.

꿈을 크게 갖고 어느 쪽이든 결정을 내려라.

견고하고 확고하면 발전하리라.


## 3. 천복성(天福星)


천복입명 오복구비(天福入命 五福具備)

지위군림 출세승진(地位君臨 出世昇進)

점점발전 평화화친(漸漸發展 平和和親)

전진발전 사막감수(前進發展 砂漠甘水)

복록충만 자수성가(福祿充滿 自手成家)


명에 천복성이 임했으니 오복이 따를 것이다.

지위에 오르고 출세와 승진이 따르리라.

점점 발전하는 운이 오니 평화롭게 화친할 것이다.

전진하며 발전하고 사막에서도 물을 만나리라.

복록이 충만하며 자수성가할 것이다.

## 4. 천귀성(天貴星)

천귀입명 부귀영화(天貴入命 富貴榮華)
태평성대 대성발전(太平聖代 大成發展)
소원성취 출세승진(所願成就 出世昇進)
산천대축 만인앙시(山天大畜 萬人仰視)
부귀충만 명진사해(富貴充滿 名振四海)

명에 천귀성이 임했으니 부귀영화가 따를 것이다.
태평성대의 운이니 크게 성공하며 발전할 것이다.
원하는 것을 이루고 출세와 승진이 따르리라.
산처럼 많은 재산을 모아 만인의 부러움을 받을 것이다.
부귀가 충만하며 사해에 이름을 떨치리라.

## 5. 천권성(天權星)

천권입명 지위군림(天權入命 地位君臨)
강건정상 현모양처(强健頂上 賢母良妻)
풍년적재 횡재다익(豊年積財 橫財多益)
평화안정 희희악악(平和安定 喜喜樂樂)
재물충만 만사형통(財物充滿 万事亨通)

명에 천권성이 임했으니 지위에 오를 것이다.

강건하게 정상에 오르면 현모양처를 만나리라.

풍년을 만나 재물을 쌓고 횡재와 많은 이익이 따르리라.

평화롭고 안정되니 기쁘고 즐거우리라.

재물이 충만하며 만사가 형통하리라.

## 6. 천간성(天奸星)

천간입명 총명지혜(天奸入命 聰明智慧)

소리만족 강세복종(小利滿足 强勢服從)

정도고수 미완성괘(正道固守 未完成卦)

사교거래 소리만족(社交去來 小利滿足)

사기손재 확장금물(詐欺損財 擴張禁物)


명에 천간성이 임했으니 지혜가 따를 것이다.

작은 이익에 만족하고 강한 세력을 만나면 복종하라.

아직 미완의 상태이니 정도를 굳게 지켜며 분발하라.

사교와 거래에서는 작은 이익에 만족하라.

사기를 당할 수가 있으니 절대 하는 일을 확장하지 말라.

## 7. 천예성(天藝星)

천예입명 예인명조(天藝入命 藝人命造)

타인협동 겸손양보(他人協同 謙遜讓步)

풍류천직 청풍명월(風流天職 淸風明月)

강세부착 발전중단(强勢附着 發展中斷)

경제회복 사업유지(經濟回復 事業維持)


명에 천예성이 임했으니 예술과 인연이 있을 것이다.

다른 사람들과 협동하고 겸손하며 양보하는 것이 좋다.

풍류가 천직이니 청풍명월을 즐기리라.

강한 세력에 의지하면 발전하지 못할 것이다.

경제가 회복되어 하는 일을 유지할 수 있으리라.


## 8. 천고성(天孤星)

천고입명 고독여객(天孤入命 孤獨旅客)

인내고대 물불정교(忍耐苦待 勿不正交)

학수고대 전화위복(鶴首苦待 轉禍爲福)

무지몽매 방랑생활(無知蒙昧 放浪生活)

고독실망 용기백배(孤獨失望 勇氣百倍)

명에 천고성이 임했으니 고독한 신세가 될 것이다.

고통스럽더라도 인내하고 부정한 거래를 하지 말라.

기다리고 기다리면 화가 복으로 변할 것이다.

잘못하면 무지몽매함에 빠지고 방랑할 수도 있다.

고독하고 실망이 되더라도 용기를 가져라.

## 9. 천액성(天厄星)

천액입명 질병예방(天厄入命 疾病豫防)

역리붕괴 물악연봉(逆理崩壞 勿惡緣逢)

언쟁소송 민심분산(言爭訴訟 民心分散)

일심선정 전화위복(一心善正 轉禍爲福)

만고승자 영고왕자(萬苦勝者 榮高王者)


명에 천액성이 임했으니 질병이 따를 것이다.

이치가 바뀌어 붕괴할 운이니 악연을 조심하라.

언쟁과 소송이 따르고 인심을 잃을 수 있다.

한마음으로 선하고 정직하게 살면 화가 복으로 변하리라.

모든 고통을 극복하면 영광이 찾아오리라.

## 10. 천파성(天破星)

천파입명 파산예방(天破入命 破産豫防)
진퇴양난 박살박탈(進退兩難 剝殺剝奪)
대형과실 사망자살(大型過失 死亡自殺)
비유선조 아신불생(非有先祖 我身不生)
효도최선 공양대효(孝道最善 供養大孝)

명에 천파성이 임했으니 파산할 것이다.
진퇴양난이며 박살과 박탈이 따를 것이다.
큰 과실을 범하고 사망하거나 자살할 수도 있다.
선조의 덕이 아니면 내가 태어날 수 없었다는 것을 생각하라.
최선을 다해 효도하고 공양하는 것이 가장 큰 효도이니라.

## 11. 천인성(天刃星)

천인입명 인내고대(天刃入命 忍耐苦待)
허무절망 일보후퇴(虛無絶望 一步後退)
매사신중 지지불진(每事愼重 遲遲不進)
의견차이 설상가상(意見差異 雪上加霜)
사면초가 진퇴양난(四面楚歌 進退兩難)

명에 천인성이 임했으니 인내하면서 기다려야 할 것이다.

허무와 절망이 따르니 한 걸음 물러서는 것이 좋다.

지지부진한 운이니 매사에 신중하라.

설상가상으로 다른 사람들과 의견도 맞지 않으리라.

사면초가이며 진퇴양난이니 어찌할꼬.

## 12 천수성(天壽星)

천수입명 안심입명(天壽入命 安心立命)

소형과실 경계관찰(小型過失 警戒觀察)

절도고수 전화위복(節度固守 轉禍爲福)

강세수종 기력양성(强勢隋從 氣力養成)

기술연마 회복성공(技術硏磨 回復成功)


명에 천수성이 임했으니 편안할 것이다.

그러나 작은 과실이 생길 수 있으니 조심하라.

절도를 굳게 지키면 전화위복이 되리라.

강한 세력에 의존하면서 힘을 키워라.

실력을 키우면 회복하고 성공하리라.

# 2. 십이신살(十二神殺)

십이신살을 보는 방법은 생년(生年)을 기준으로 생월(生月)·생일(生日)·생시(生時)를 대조해서 본다. 예를 들어 원숭이 띠인데 사주에 사(巳)가 있으면 겁살(劫殺)에 해당하고, 오(午)가 있으면 재살(災殺)에 해당한다.

## 십이신살 도표

| 신살<br>년지 | 겁살 | 재살 | 천살 | 지살 | 년살 | 월살 | 망신 | 장성 | 반안 | 역마 | 육해 | 화개 |
|---|---|---|---|---|---|---|---|---|---|---|---|---|
| 申子辰 | 巳 | 午 | 未 | 申 | 酉 | 戌 | 亥 | 子 | 丑 | 寅 | 卯 | 辰 |
| 亥卯未 | 申 | 酉 | 戌 | 亥 | 子 | 丑 | 寅 | 卯 | 辰 | 巳 | 午 | 未 |
| 寅午戌 | 亥 | 子 | 丑 | 寅 | 卯 | 辰 | 巳 | 午 | 未 | 申 | 酉 | 戌 |
| 巳酉丑 | 寅 | 卯 | 辰 | 巳 | 午 | 未 | 申 | 酉 | 戌 | 亥 | 子 | 丑 |

## 1. 겁살(劫殺)

겁살입명 조실부모(劫殺入命 早失父母)

이사중중 백사난성(移徙重重 百事難成)

조업실패 일신무의(祖業失敗 一身無依)

재물겁탈 사방도적(財物劫奪 四方盜賊)

명에 겁살이 임했으니 부모를 일찍 잃을 것이다.

이사를 자주 하고 모든 일을 이루기 어렵다.

조상의 업은 실패하고 몸 하나 의지할 곳이 없구나.

사방에 도적이 있으니 재물을 빼앗기기 쉽다.

## 2. 재살(災殺)

재살입명 신다재앙(災殺入命 身多災殃)

노이무공 일시지액(勞而無功 一時之厄)

천지정소 세업난수(天地情少 世業難守)

감금수옥 납치포로(監禁囚獄 拉致捕虜)


명에 재살이 임했으니 재앙이 많이 따를 것이다.

갑자기 액이 닥치니 노력해도 공이 없으리라.

물려받은 업을 지키기 어렵고 천지에 정이 없구나.

감옥에 갇히거나 납치 당할 수 있으니 조심하라.

## 3. 천살(天殺)

천살입명 부선망누(天殺入命 父先亡淚)

주색불신 단명초래(酒色不愼 短命招來)

배궁무덕 일신고독(配宮無德 一身孤獨)

불의재난 천재난면(不意災難 天災難免)

명에 천살이 임했으니 아버지를 먼저 잃을 것이다.

주색을 조심하지 않으면 단명할 수 있으니 조심하라.

배우자덕도 없고 일신도 고독하니 어찌하겠는가.

불의의 재난이나 천재지변을 면하기 어려우리라.

## 4. 지살(地殺)

지살입명 심신불안(地殺入命 心身不安)

조별부모 양자지명(早別父母 養子之命)

고향불리 필시타향(故鄉不利 必是他鄉)

역마동일 무익분주(驛馬同一 無益奔走)

명에 지살이 임했으니 심신이 불안할 것이다.

부모와 일찍 이별하고 양자로 갈 명이다.

고향은 불리하니 반드시 타향으로 떠나라.

지살은 역마살과 같아 이익없이 분주하기만 할 것이다.

## 5. 년살(年殺)

년살입명 형제유액(年殺入命 兄弟有厄)

무의무탁 비애지사(無依無托 悲哀之事)

친근주색 유산탕진(親近酒色 遺産蕩盡)

도화동일 불륜색정(桃花同一 不倫色情)

명에 년살이 임했으니 형제의 액이 있을 것이다.
의탁할 곳이 전혀 없으니 슬픈 일이로다.
거기다 술과 색정을 좋아하다 유산까지 탕진하리라.
년살은 도화살과 같아 색정으로 인한 불륜을 저지르리라.

## 6. 월살(月殺)

월살입명 가택불안(月殺入命 家宅不安)
약불상처 자궁불리(若不喪妻 子宮不利)
고독재난 실패초래(孤獨災難 失敗招來)
고초고갈 용두사미(枯焦苦渴 龍頭蛇尾)

명에 월살이 임했으니 집안이 편안하지 못할 것이다.
만약 아내를 잃지 않으면 자녀궁이 불리하다.
고독하며 재난이 따르고 실패할 것이다.
고생만 하다 용두사미가 될 것이다.

## 7. 망신(亡身)

망신입명 일신무의(亡身入命 一身無依)

파가이별 타향유리(破家離別 他鄕流離)

수다노력 불신불성(雖多努力 不伸不成)

주색잡기 패가망신(酒色雜技 敗家亡身)


명에 망신이 임했으니 의지할 곳이 없을 것이다.

가정이 깨져 가족과 이별하고 타향에서 방황하리라.

비록 노력한다 해도 이루는 것이 없으니 어찌할고.

결국 주색과 잡기로 패가망신할 것이다.


## 8. 장성(將星)


장성입명 집권지인(將星入命 執權之人)

길성여임 가정유광(吉星如臨 家庭有光)

여즉과부 남즉명진(女卽寡婦 男卽名振)

승진번영 재관양득(昇進繁榮 財官兩得)


명에 장성이 임했으니 권력을 잡을 것이다.

길성이 임했으니 가정에 광명이 따르리라.

여자는 과부가 되나 남자는 이름을 떨칠 것이다.

승진과 번영이 따르고 재관을 모두 얻으리라.

## 9. 반안(攀鞍)

반안입명 등과지격(攀鞍入命 登科之格)

성정순후 국록최길(性情淳厚 國祿最吉)

적선지가 필유여경(積善之家 必有餘慶)

출세승진 가내번영(出世昇進 家內繁榮)


명에 반안이 임했으니 등과할 것이다.

성정이 순박하고 후덕하니 국록을 받는 일이 가장 좋다.

선덕을 쌓으면 반드시 경사가 따르리라.

출세와 승진이 따르고 집안이 번영할 것이다.


## 10. 역마(驛馬)

역마입명 동분서주(驛馬入命 東奔西走)

이향종풍 천지오가(離鄕從風 天地吾家)

불득관록 허송세월(不得官祿 虛送歲月)

동식서숙 출입분주(東食西宿 出入奔走)


명에 역마가 임했으니 동분서주할 것이다.

고향을 떠나 바람 따라 오가니 천지가 내집이구나.

관록을 얻지 못하면 세월만 허송하리라.

동에서 먹고 서에서 자니 출입이 분주하리라.

## 11. 육해(六害)

육해입명 고독지상(六害入命 孤獨之相)
약불상처 필시생이(若不喪妻 必是生離)
원귀방해 매사실패(怨鬼妨害 每事失敗)
고질장병 투병생활(痼疾長病 鬪病生活)

명에 육해가 임했으니 고독할 것이다.
만약 아내를 잃지 않으면 반드시 생이별하리라.
원귀가 방해하니 매사에 실패할 것이다.
고질적인 긴 병에 걸려 고생할 수 있으니 조심하라.

## 12. 화개(華蓋)

화개입명 총명지상(華蓋入命 聰明之相)
대인봉복 소인봉화(大人逢福 小人逢禍)
입산명진 속세파란(入山名振 俗世破亂)
연구고독 학문종교(研究孤獨 學問宗敎)

명에 화개가 임했으니 총명할 상이다.

대인은 복을 만나나 소인은 재앙을 만나리라.

입산하면 이름을 떨치나 속세에 있으면 파란이 많을 것이다.

혼자 연구하는 상이니 학문이나 종교와 인연이 있다.

## 3. 년지(年支) 중심의 흉살(凶殺)

년지(年支)는 띠를 말하는데 여기서는 띠를 기준으로 보는 흉살을 살펴보겠다. 보는 방법은 다음의 도표를 참고하면 된다. 예를 들어 호랑이띠인데 사주에 사(巳)가 있으면 고신살(孤神殺)에 해당한다.

### 년지 중심의 흉살

| 년지<br>흉살 | 寅 | 卯 | 辰 | 巳 | 午 | 未 | 申 | 酉 | 戌 | 亥 | 子 | 丑 |
|---|---|---|---|---|---|---|---|---|---|---|---|---|
| 고신 | 巳 | 巳 | 巳 | 申 | 申 | 申 | 亥 | 亥 | 亥 | 寅 | 寅 | 寅 |
| 과숙 | 丑 | 丑 | 丑 | 辰 | 辰 | 辰 | 未 | 未 | 未 | 戌 | 戌 | 戌 |
| 도화 | 卯 | 子 | 酉 | 午 | 卯 | 子 | 酉 | 午 | 卯 | 子 | 酉 | 午 |
| 수옥 | 子 | 酉 | 午 | 卯 | 子 | 酉 | 午 | 卯 | 子 | 酉 | 午 | 卯 |
| 귀문 | 未 | 申 | 亥 | 戌 | 丑 | 寅 | 卯 | 子 | 巳 | 辰 | 酉 | 午 |

## 1. 고신살(孤神殺) — 남자

고신입명 환부명조(孤神入命 鰥夫命造)

독수공방 사고무친(獨守空房 四顧無親)

장벽부부 지하전쟁(障壁夫婦 地下戰爭)

심중원한 타인부지(心中怨恨 他人不知)

명에 고신살이 임했으니 홀아비가 될 명이다.

독수공방하며 사고무친의 신세가 되리라.

부부 사이에 장벽이 있고 보이지 않는 갈등이 따르리라.

마음속에 원한이 있으나 알아주는 이가 없구나.

## 2 과숙살(寡宿殺) ― 여자

과부입명 독수공방(寡婦入命 獨守空房)

사고무친 야중비읍(四顧無親 夜中悲泣)

장벽불소 고독상심(障壁不消 孤獨傷心)

배궁원한 타인부지(配宮怨恨 他人不知)

명에 과숙살이 임했으니 독수공방할 명이다.

사고무친이니 밤중에 슬프게 눈물을 흘리리라.

장벽이 아직 남아 있으니 혼자 상심하리라.

배우자궁이 원망스럽고 한스러우나 알아주는 이가 없구나.

## 3. 도화살(桃花殺)

도화입명 호색다음(桃花入命 好色多淫)
인물준수 남녀미인(人物俊秀 男女美人)
창녀기생 매춘천직(娼女妓生 賣春天職)
이혼재혼 파란인생(離婚再婚 破亂人生)

명에 도화살이 임했으니 색을 좋아하며 음란할 명이다.

남녀 모두 미인형으로 인물이 준수하리라.

창녀나 기생이나 매춘 팔자를 타고났구나.

설사 가정을 이루어도 이혼과 재혼으로 파란만장할 것이다.

## 4. 수옥살(囚獄殺)

수옥입명 감옥인연(囚獄入命 監獄因緣)
감금생활 법난고통(監禁生活 法難苦痛)
납치포로 매사신중(拉致捕虜 每事愼重)
경찰직업 차액면제(警察職業 此厄免除)

명에 수옥살이 임했으니 감옥과 인연이 있을 명이다.

감금되거나 법 문제로 고통이 많으리라.

납치되거나 포로가 될 수 있으니 매사에 신중하라.

그러나 경찰이 되면 액을 면할 수 있을 것이다.

## 5. 귀문관살(鬼門關殺)

귀문입명 정신병자(鬼門入命 精神病者)
신경쇠약 우울증세(神經衰弱 憂鬱症勢)
노망치욕 변태발작(老妄恥辱 變態發作)
심신수양 차액면제(心身修養 此厄免除)

명에 귀문관살이 임했으니 정신에 문제가 생길 명이다.
신경이 쇠약하며 우울증이 따를 것이다.
노망을 부리며 발작을 일으키리라.
그러나 심신을 수양하면 액을 면할 수 있을 것이다.

# 4. 월지(月支) 중심의 흉살(凶殺)

월지(月支)란 태어난 달을 말하는데 여기서는 월지(月支)를 기준으로 보는 흉살을 살펴보겠다. 보는 방법은 다음의 도표를 참고하면 된다. 예를 들어 인(寅)월생인데 사주에 해(亥)나 자(子)가 있으면 급각살(急脚殺)에 해당한다.

## 월지 중심의 흉살

| 월지<br>흉살 | 寅 | 卯 | 辰 | 巳 | 午 | 未 | 申 | 酉 | 戌 | 亥 | 子 | 丑 |
|---|---|---|---|---|---|---|---|---|---|---|---|---|
| 급각 | 亥子 | 亥子 | 亥子 | 卯未 | 卯未 | 卯未 | 寅戌 | 寅戌 | 寅戌 | 丑辰 | 丑辰 | 丑辰 |
| 단교 | 寅 | 卯 | 申 | 丑 | 戌 | 酉 | 辰 | 巳 | 午 | 未 | 亥 | 子 |
| 천전 | 乙卯 | 乙卯 | 乙卯 | 丙午 | 丙午 | 丙午 | 辛酉 | 辛酉 | 辛酉 | 壬子 | 壬子 | 壬子 |
| 지전 | 辛卯 | 辛卯 | 辛卯 | 戊午 | 戊午 | 戊午 | 癸酉 | 癸酉 | 癸酉 | 丙子 | 丙子 | 丙子 |
| 부벽 | 酉 | 巳 | 丑 | 酉 | 巳 | 丑 | 酉 | 巳 | 丑 | 酉 | 巳 | 丑 |

## 1. 급각살(急脚殺)

급각입명 족각장해(急脚入命 足脚障害)

각병난행 관절불구(脚病難行 關節不具)

사지불구 행동장해(四肢不具 行動障害)

매사신중 안심입명(每事愼重 安心立命)

명에 급각살이 임했으니 다리에 장해가 따를 것이다.

다리에 병이 들어 걷지 못하니 관절이 불구가 되리라.

사지를 쓰지 못하니 행동에 장해가 많을 것이다.

그러나 매사에 신중하면 수명은 보존할 수 있다.

## 2. 단교관살(斷橋關殺)

단교입명 절각장해(斷橋入命 折脚障害)
수족불구 사지불안(手足不具 四肢不安)
소아마비 낙상절각(小兒痲痺 落傷折脚)
급각단교 의족난면(急脚斷橋 依足難免)

명에 단교관살이 임했으니 다리에 장해가 따를 것이다.
사지가 불안하니 수족을 쓸 수 없으리라.
소아마비나 낙상으로 다리를 다칠 팔자로다.
갑자기 다리를 다쳐 어려움을 면하기 어렵다.

## 3. 천전살(天轉殺)

상사대립 수상악연(上司對立 手上惡緣)
허송세월 도중파산(虛送歲月 途中破産)
신고연속 사업무산(辛苦連續 事業霧散)
우로재앙 폭설피해(雨露災殃 暴雪被害)

상사 등 윗사람과 인연이 나빠 대립할 것이다.
허송세월하며 도중에 하는 일이 깨지리라.
하는 일이 무산되어 고통이 끊이지 않으리라.

게다가 비로 인한 재앙이나 폭설 피해를 당할 수 있으니 조심하라.

## 4. 지전살(地轉殺)

부하대립 수하악연(部下對立 手下惡緣)
외면화려 내면고전(外面華麗 內面苦戰)
파란인생 기복불리(破亂人生 起伏不離)
사방악연 사고무친(四方惡緣 四顧無親)

부하 등 아랫사람과 인연이 나빠 대립할 것이다.
겉은 화려해 보이나 속으로는 고전하리라.
파란과 기복이 떠나지 않을 것이다.
사방이 악연이니 의지할 곳이 없구나.

## 5. 부벽살(斧劈殺)

부벽입명 만사파괴(斧劈入命 萬事破壞)
투병생활 대형수술(鬪病生活 大型手術)
가정파괴 이혼별거(家庭破壞 離婚別居)
사업파산 노숙걸식(事業破産 路宿乞食)

명에 부벽살이 임했으니 만사가 파괴될 것이다.

질병에 걸리거나 큰 수술을 받을 수 있으니 조심하라.

가정이 깨지고 이혼하거나 별거하리라.

하는 일을 파산하고 노숙하면서 걸식하리라.

## 5. 일간(日干) 중심의 흉살(凶殺)

일간(日干)은 태어난 날의 천간(天干)을 말하는데 여기서는 일간(日干)을 기준으로 보는 흉살을 살펴보겠다. 흉살을 찾는 방법은 만세력에서 일간(日干)을 찾은 후 다음의 도표를 참고하면 된다. 예를 들어 갑일간(甲日干)인데 사주에 사(巳)가 있으면 낙정관살(落井關殺)이 된다.

### 일간 중심의 흉살

| 흉살 \ 일간 | 甲 | 乙 | 丙 | 丁 | 戊 | 己 | 庚 | 辛 | 壬 | 癸 |
|---|---|---|---|---|---|---|---|---|---|---|
| 낙정 | 巳 | 子 | 申 | 戌 | 卯 | 巳 | 子 | 申 | 戌 | 卯 |
| 양인 | 卯 | - | 午 | - | 午 | - | 酉 | - | 子 | - |
| 효신 | 子 | 亥 | 寅 | 卯 | 午 | 巳 | 辰戌 | 丑未 | 申 | 酉 |
| 고란 | 寅 | 巳 | - | 巳 | 申 | - | - | 亥 | - | - |
| 홍염 | 午 | 午 | 寅 | 午 | 辰 | 辰 | 戌 | 酉 | 申 | 申 |
| 백호 | 辰 | 未 | 戌 | 丑 | 辰 | - | - | - | 戌 | 丑 |
| 괴강 | - | - | - | - | 戌 | - | 辰戌 | - | 辰戌 | - |
| 음양차착 | - | - | 子午 | 丑未 | 寅申 | - | - | 卯酉 | 辰戌 | 巳亥 |

# 1. 낙정관살(落井關殺)

낙정입명 심수익사(落井入命 深水溺死)

수액난면 용왕악연(水厄難免 龍王惡緣)

심수물근 수귀규신(深水勿近 水鬼窺身)

치성용왕 차액면제(致誠龍王 此厄免除)


명에 낙정관살이 임했으니 깊은 물에 빠져 죽을 것이다.

용왕과 인연이 좋지 않으니 수액을 면하기 어려우리라.

항상 물귀신이 엿보고 있으니 깊은 물에 가지 말라.

그러나 용왕님께 치성을 드리면 액을 면할 수 있을 것이다.


# 2. 양인살(羊刃殺)

양인입명 살기중중(羊刃入命 殺氣重重)

형벌입감 강렬성급(刑罰入監 剛烈性急)

황폭열사 군인무사(荒暴烈士 軍人無事)

호걸곤액 대악흉살(豪傑困厄 大惡凶殺)


명에 양인살이 임했으니 살기가 중중할 것이다.

성격이 강렬하며 급하니 감옥행을 면하기 어려우리라.

그러나 열사나 군인이나 무사가 될 수도 있으니 노력하라.

이런 명은 영웅호걸이 되지 않으면 매우 흉하다.

## 3. 효신살(梟神殺)

효신입명 생모박연(梟神入命 生母薄緣)
효신악살 살모악조(梟神惡殺 殺母惡鳥)
생모이별 계모시봉(生母離別 繼母侍奉)
초년불행 성가후길(初年不幸 成家後吉)

명에 효신살이 임했으니 생모와 인연이 박하다.
효신은 악살로 생모를 해롭게 하는 살이다.
생모와 이별하고 계모를 모시리라.
초년에는 불행해도 가정을 이룬 후에는 길할 것이다.

## 4. 고란살(孤鸞殺)

고란입명 부부갈등(孤鸞入命 夫婦葛藤)
독수공방 야중비읍(獨守空房 夜中悲泣)
의견차이 도중이별(意見差異 途中離別)
사고무친 상심원한(四顧無親 傷心怨恨)

명에 고란살이 임했으니 부부간에 갈등이 많을 것이다.

독수공방하며 밤중에 슬피 눈물을 흘리리라.

부부간에 의견이 맞지 않으니 도중에 이별할 것이다.

사고무친의 신세이니 마음에 원한만 쌓여갈까 두렵다.

## 5. 홍염살(紅艷殺)

홍염입명 호색창녀(紅艷入命 好色娼女)

외도불륜 도화동일(外道不倫 桃花同一)

예능우수 가정불안(藝能優秀 家庭不安)

연예인기 매춘천직(演藝人氣 賣春天職)

명에 홍염살이 임했으니 창녀가 될 명이다.

도화살과 같이 외도와 불륜을 저지르리라.

예능 면은 우수하나 가정은 불안할 것이다.

매춘이 천직이나 연예인이 되면 인기를 얻으리라.

## 6. 백호대살(白虎大殺)

백호입명 호구난면(白虎入命 虎口難免)

혈광사망 교통사고(血光死亡 交通事故)

비명횡사 험지입금(非命橫死 險地入禁)

흉사급사 병사전사(凶死急死 病死戰死)

명에 백호대살이 임했으니 호랑이의 화를 당할 것이다.

피를 흘리며 죽을 수 있으니 교통사고를 조심하라.

또 비명횡사할 수 있으니 험한 곳에 드나들지 말라.

흉사하거나 급사하거나 병사하거나 전사할 팔자로다.


## 7. 괴강살(魁罡殺)


괴강입명 화복극단(魁罡入命 禍福極端)

경진경술 임진임술(庚辰庚戌 壬辰壬戌)

괴강입명 만인제압(魁罡入命 萬人制壓)

부귀영화 극빈파란(富貴榮華 極貧破亂)


명에 괴강이 임했으니 화액이나 길복이 극단으로 따를 것이다.

특히 경진·경술·임진·임술 괴강이면 더 심하리라.

이런 명은 만인을 제압하리라.

길성이면 부귀영화가 따르나 흉성이면 파란과 극빈이 따르리라.


## 8. 음양차착살(陰陽差着殺)


음양차착 사주입명(陰陽差錯 四柱入命)

부부불화 별거고독(夫婦不和 別居孤獨)

색정불륜 파가이별(色情不倫 破家離別)

명월야중 낙루불지(明月夜中 落淚不止)

명에 음양차착살이 임했으니 색을 좋아할 것이다.
부부가 화목하지 못하니 별거하거나 고독할 것이다.
색정과 불륜으로 가정이 깨지고 이별하리라.
달밤에 하염없이 눈물을 흘리리라.

## 6. 일간(日干) 중심의 길성(吉星)

일간(日干)은 태어난 날의 천간(天干)을 말하는데 여기서는 일간
(日干)을 기준으로 보는 길성을 살펴보겠다. 길성을 찾는 방법은

### 일간 중심의 흉살

| 일간<br>흉살 | 甲 | 乙 | 丙 | 丁 | 戊 | 己 | 庚 | 辛 | 壬 | 癸 |
|---|---|---|---|---|---|---|---|---|---|---|
| 낙정 | 巳 | 子 | 申 | 戌 | 卯 | 巳 | 子 | 申 | 戌 | 卯 |
| 양인 | 卯 | - | 午 | - | 午 | - | 酉 | - | 子 | - |
| 효신 | 子 | 亥 | 寅 | 卯 | 午 | 巳 | 辰戌 | 丑未 | 申 | 酉 |
| 고만 | 寅 | 巳 | - | 巳 | 申 | - | - | 亥 | - | - |
| 홍염 | 午 | 午 | 寅 | 午 | 辰 | 辰 | 戌 | 酉 | 申 | 申 |
| 백호 | 辰 | 未 | 戌 | 丑 | 辰 | - | - | - | 戌 | 丑 |
| 괴강 | - | - | - | - | 戌 | - | 辰戌 | - | 辰戌 | - |
| 음양차착 | - | - | 子午 | 丑未 | 寅申 | - | - | 卯酉 | 辰戌 | 巳亥 |

만세력에서 일간(日干)을 찾은 후 다음의 도표를 참고하면 된다. 예를 들어 일간(日干)이 갑(甲)인데 사주에 사(巳)가 들면 낙정이 되니 물에 의한 재앙을 당한다.

## 1. 건록(建祿)

건록입명 등과급제(建祿入命 登科及第)
국록지인 관운유력(國祿之人 官運有力)
의식풍족 지위군림(衣食豊足 地位君臨)
입신출세 명진사해(立身出世 名振四海)

명에 건록이 임했으니 등과급제할 것이다.
관운이 매우 좋으니 국록을 받으리라.
높은 지위에 오르고 의식주가 풍족하리라.
입신출세하여 사해에 이름을 떨칠 것이다.

## 2. 천을귀인(天乙貴人)

천을입명 평생무난(天乙入命 平生無難)
제살주재 수호신장(諸殺主宰 守護神將)
최고존귀 대길복성(最高尊貴 大吉福星)
일체잡귀 흉살제거(一切雜鬼 凶殺除去)

명에 천을귀인이 임했으니 평생 어려움이 없을 것이다.

신장이 보호해주며 모든 살성을 주재하리라.

존귀한 자리에 오르며 복이 많을 것이다.

모든 잡귀와 흉살을 제거해주리라.

## 3. 관귀학관(官貴學館)

관귀학관 사주입명(官貴學館 四柱入命)

등과급제 속성출세(登科及第 速成出世)

승진출세 만인앙시(昇進出世 萬人仰視)

만사순성 명진사방(萬事順成 名振四方)

명에 관귀학관이 임했으니 문장이 따를 것이다.

등과급제가 따르고 빨리 출세하리라.

승진과 출세가 따르고 만인의 부러움을 받을 것이다.

만사를 순조롭게 이루며 사방에 이름을 떨칠 것이다.

## 4. 문창귀인(文昌貴人)

문창입명 호학문장(文昌入命 好學文章)

두뇌총명 명진사해(頭腦聰明 名振四海)

학문길연 일문십지(學文吉緣 一聞十知)

천재득명 시서통달(天才得名 詩書通達)

명에 문창이 임했으니 학문과 문장이 따를 것이다.
두뇌가 총명하고 사해에 명예를 떨치리라.
학문과 인연이 좋으니 하나를 들으면 열을 안다.
천재라는 소리를 듣고 시서에 통달하리라.

## 5. 문곡귀인(文曲貴人)

문곡입명 호학문장(文曲入命 好學文章)
학문계통 출세승진(學文系統 出世昇進)
두뇌총명 명진사해(頭腦聰明 名振四海)
모사총명 복록충만(謀事聰明 福祿充滿)

명에 문곡이 임했으니 학문과 문장이 따를 것이다.
학문 계통에서 출세하고 승진할 것이다.
두뇌가 총명하고 사해에 명예를 떨치리라.
도모하는 일이 총명하니 복록이 충만하리라.

## 6. 학당귀인(學堂貴人)

학당입명 학문우수(學堂入命 學問優秀)

학문길연 응시합격(學文吉緣 應試合格)

서책친근 호학문장(書冊親近 好學文章)

교육계통 출세성공(敎育系統 出世成功)


명에 학당이 임했으니 학문이 우수할 것이다.

학문과 인연이 좋으니 응시하면 합격하리라.

책을 가까이 하며 학문을 좋아하니 문장이 되리라.

교육 계통으로 나가면 출세와 성공이 따르리라.


## 7. 금여성(金輿星)


금여입명 황금승여(金輿入命 黃金乘輿)

배우자궁 길성유임(配偶者宮 吉星有臨)

인부양처 평생동락(仁夫良妻 平生同樂)

가정원화 만사개성(家庭圓和 萬事皆成)


명에 금여가 임했으니 황금마차를 탈 명이다.

배우자궁에 길성이 임했으니 결혼운이 좋다.

어진 남편과 좋은 부인이 만났으니 평생을 동락하리라.

가정이 화목하며 만사가 다 잘 될 것이다.

## 8. 암록성(暗祿星)

암록입명 평생다복(暗祿入命 平生多福)

의식풍족 적선결과(衣食豊足 積善結果)

위난지중 귀인내조(危難之中 貴人來助)

천성후덕 인자관대(天性厚德 仁慈寬大)

명에 암록이 임했으니 평생 복이 많을 것이다.

의식주가 풍족한 것은 선덕을 많이 쌓았기 때문이다.

설사 어려움에 처하더라도 귀인이 찾아와 도와주리라.

천성이 후덕하며 인자하고 관대하다.

# 7. 월지(月支) 중심의 길성(吉星)

월지(月支)란 태어난 달을 말하는데 여기서는 월지(月支)를 기준

### 월지 중심의 길성

| 월지<br>길성 | 寅 | 卯 | 辰 | 巳 | 午 | 未 | 申 | 酉 | 戌 | 亥 | 子 | 丑 |
|---|---|---|---|---|---|---|---|---|---|---|---|---|
| 천덕 | 丁 | 申 | 壬 | 辛 | 亥 | 甲 | 癸 | 寅 | 丙 | 乙 | 巳 | 庚 |
| 월덕 | 丙 | 申 | 壬 | 庚 | 丙 | 甲 | 壬 | 庚 | 丙 | 甲 | 壬 | 庚 |
| 진신 | 甲子 | 甲子 | 甲子 | 甲午 | 甲午 | 甲午 | 己卯 | 己卯 | 己卯 | 己酉 | 己酉 | 己酉 |
| 천사 | 戊寅 | 戊寅 | 戊寅 | 甲午 | 甲午 | 甲午 | 戊申 | 戊申 | 戊申 | 甲子 | 甲子 | 甲子 |

으로 보는 길성을 살펴보겠다. 길성을 찾는 방법은 다음의 도표를 참고하면 된다. 예를 들어 인(寅)월생이 정(丁)을 만나면 천덕이 되니 귀인의 도움을 받는다.

## 1. 천덕귀인(天德貴人)

천덕입명 천신내조(天德入命 天神來助)
흉변길복 천우신조(凶變吉福 天佑神助)
결혼택일 만사여의(結婚擇日 萬事如意)
택일지중 최상길일(擇日之中 最上吉日)

명에 천덕이 임했으니 천신이 도와줄 것이다.
천우신조가 따르니 흉도 변해 길복이 되리라.
좋은 날 혼인하면 만사가 여의할 것이다.
택일하는 중에 최상의 길일이다.

## 2. 월덕귀인(月德貴人)

월덕입명 지신내조(月德入命 地神來助)
사방팔방 지신보호(四方八方 地神保護)
선조유덕 만사형통(先祖有德 萬事亨通)
길사중중 경사연속(吉事重重 慶事連續)

명에 월덕이 임했으니 지신이 도와줄 것이다.

사방팔방에서 지신이 보호해주리라.

선조의 덕으로 만사가 형통하리라.

좋은 일이 많으니 경사가 그치지 않는다.

## 3. 진신성(進神星)

진신입명 전진무난(進神入命 前進無難)

계획적중 만사순성(計劃適中 萬事順成)

도모적합 화근해결(圖謀適合 禍根解決)

진행무난 고속발전(進行無難 高速發展)

명에 진신이 임했으니 어려움이 없을 것이다.

계획대로 잘 이루어지니 만사를 순조롭게 이루리라.

일을 잘 도모하니 화근도 잘 해결하리라.

진행하는 일에 어려움이 없고 빨리 발전할 것이다.

## 4. 천사성(天赦星)

천사입명 업장탕감(天赦入命 業障蕩減)

천지신명 무량대은(天地神明 無量大恩)

흉변길복 복락연속(凶變吉福 福樂連續)

중죄수옥 특별사면(重罪囚獄 特別赦免)


명에 천사성이 임했으니 업장이 탕감될 것이다.

천지신명의 큰 은혜를 끝없이 받으리라.

복락이 계속되며 흉도 변해 길복이 될 것이다.

중죄를 짓고 감옥에 들어가도 특별사면을 받을 운이다.

## 적천수 정설
### 유백온 선생의 적천수 원본을 정석으로 해설
원래 유백온 선생이 저술한 적천수의 원문은 그렇게 많지가 않으나, 후학들이 각각 자신의 주장으로 해설하여 많아졌다. 이 책은 적천수 원문을 보고 30년 역학의 경험을 총동원하여 해설했다. 물론 백퍼센트 정확하다고 주장할 수는 없다. 다만 한국과 일본을 오가면서 실제 의 경험담을 함께 실었다. 공부하는 사람들에게는 많은 도움이 될 것이라 믿는다.
신비한 동양철학 82 | 역산 김찬동 편역 | 692면 | 34,000원 | 신국판

## 궁통보감 정설
### 궁통보감 원문을 쉽고 자세하게 해설
『궁통보감(窮通寶鑑)』은 5대원서 중에서 가장 이론적이며 사리에 맞는 책이며, 조후(調候)를 중심으로 설명하며 간명한 것이 특징이다. 역학을 공부하는 학도들에게 도움을 주려고 먼저 원문에 음독을 단 다음 해설하였다. 그리고 예문은 서낙오(徐樂吾) 선생이 해설한 것을 그대로 번역하였고, 저자가 상담한 사람들의 사주와 점서에 있는 사주들을 실었다.
신비한 동양철학 83 | 역산 김찬동 편역 | 768면 | 39,000원 | 신국판

## 연해자평 정설(1 · 2권)
### 연해자평의 완결판
연해자평의 저자 서자평은 중국 송대의 대음양 학자로 명리학의 비조일 뿐만 아니라 천문점성에도 밝았다. 이전에는 년(年)을 기준으로 추명했는데 적중률이 낮아 서자평이 일간(日干)을 기준으로 하고, 일지(日支)를 배우자로 보는 이론을 발표하면서 명리학은 크게 발전해 오늘에 이르렀다. 때문에 연해자평은 5대 원서 중에서도 필독하지 않으면 안 되는 책이다.
신비한 동양철학 101 | 김찬동 편역 | 1권 559면, 2권 309면 | 1권 33,000원, 2권 20,000원 | 신국판

## 명리입문
### 명리학의 정통교본
이 책은 옛부터 있었던 글들이나 너무 여기 저기 산만하게 흩어져 있어 공부하는 사람들에게는 많은 시간과 인내를 필요로 하였다. 그래서 한 군데 묶어 좀더 보기 쉽고 알기 쉽도록 엮은 것이다.
신비한 동양철학 41 | 동하 정지호 저 | 678면 | 29,000원 | 신국판 양장

## 조화원약 평주
### 명리학의 정통교본
자평진전, 난강망, 명리정종, 적천수 등과 함께 명리학의 교본에 해당하는 것으로 중국 청나라 때 나온 난강망이라는 책을 서낙오 선생께서 자세하게 설명을 붙인 것이다. 기존의 많은 책들이 오직 격국과 용신을 중심으로 감정하는 것과는 달리 십간십이지와 음양오행을 각각 자연의 이치와 춘하추동의 사계절의 흐름에 대입하여 인간의 길흉화복을 알 수 있게 했다.
신비한 동양철학 35 | 동하 정지호 편역 | 888면 | 39,000원 | 신국판

## 사주대성
### 초보에서 완성까지
이 책은 과거 현재 미래를 모두 알 수 있는 비결을 실었다. 그러나 모두 터득한다는 것은 어려울 것이다.역학은 수천 년간 동방의 석학들에 의해 갈고 닦은 철학이요 학문이며, 정신문화로서 영과학적인 상수문화로서 자랑할만한 위대한 학문이다.
신비한 동양철학 33 | 도관 박흥식 저 | 986면 | 46,000원 | 신국판 양장

## 쉽게 푼 역학(개정판)
### 쉽게 배워서 적용할 수 있는 생활역학서!
이 책에서는 좀더 많은 사람들이 역학의 근본인 우주의 오묘한 진리와 법칙을 깨달아 보다 나은 삶을 영위하는데 도움이 될 수 있도록 가장 쉬운 언어와 가장 쉬운 방법으로 풀이했다. 역학계의 대가 김봉준 선생의 역작이다.
신비한 동양철학 71 | 백우 김봉준 저 | 568면 | 30,000원 | 신국판

## 사주명리학 핵심
### 맥을 잡아야 모든 것이 보인다
이 책은 잡다한 설명을 배제하고 명리학자에게 도움이 될 비법들만을 모아 엮었기 때문에 초심자가 이해하기에는 다소 어려운 부분도 있겠지만 기초를 튼튼히 한 다음 정독한다면 충분히 이해할 것이다. 신살만 늘어놓으며 감정하는 사이비가 되지말기를 바란다.
신비한 동양철학 19 | 도관 박흥식 저 | 502면 | 20,000원 | 신국판

## 물상활용비법
### 물상을 활용하여 오행의 흐름을 파악한다
이 책은 물상을 통하여 오행의 흐름을 파악하고 운명을 감정하는 방법을 연구한 책이다. 추명학의 해법을 연구하고 운명을 추리하여 오행에서 분류되는 물질의 운명 줄거리를 물상의 기물로 나들이 하는 활용법을 주제로 했다. 팔자풀이 및 운명해설에 관한 명리감정법의 체계를 세우는데 목적을 두고 초점을 맞추었다.
신비한 동양철학 31 | 해주 이학성 저 | 446면 | 26,000원 | 신국판

## 신수대전
### 흉함을 피하고 길함을 부르는 방법
신수는 대부분 주역과 사주추명학에 근거한다. 수많은 학설 중 몇 가지를 보면 사주명리, 자미두수, 관상, 점성학, 구성학, 육효, 토정비결, 매화역수, 대정수, 초씨역림, 황극책수, 하락리수, 범위수, 월영도, 현무발서, 철판신수, 육임신과, 기문둔갑, 태을신수 등이다. 역학에 정통한 고사가 아니면 추단하기 어려우므로 누구나 신수를 볼 수 있도록 몇 가지를 정리했다.
신비한 동양철학 62 | 도관 박흥식 편저 | 528면 | 36,000원 | 신국판 양장

## 정법사주
### 운명판단의 첩경을 이루는 책
이 책은 사주추명학을 연구하고자 하는 분들에게 심오한 주역의 이해를 돕고자 하는 의도에서 시작되었다. 음양오행의 상생상극에서부터 육친법과 신살법을 기초로 하여 격국과 용신 그리고 유년판단법을 활용하여 운명판단에 첩경이 될 수 있도록 했고 추리응용과 운명감정의 실례를 하나하나 들어가면서 독학과 강의용 겸용으로 엮었다.
신비한 동양철학 49 | 원각 김구현 저 | 424면 | 26,000원 | 신국판 양장

## 내가 보고 내가 바꾸는 DIY사주
### 내가 보고 내가 바꾸는 사주비결
기존의 책들과는 달리 한 사람의 사주를 체계적으로 도표화시켜 한 눈에 파악할 수 있고, DIY라는 책 제목에서 말하듯이 개운하는 방법을 제시한다. 초심자는 물론 전문가도 자신의 이론을 새롭게 재조명해 볼 수 있는 케이스 스터디 북이다.
신비한 동양철학 39 | 석오 전광 저 | 338면 | 16,000원 | 신국판

## 인터뷰 사주학
### 쉽고 재미있는 인터뷰 사주학
얼마전만 해도 사주학을 취급하면 미신을 다루는 부류로 취급되었다. 그러나 지금은 하루가 다르게 이 학문을 공부하는 사람들이 폭증하고 있는 것으로 보인다. 젊은 층에서 사주카페니 사주방이니 사주동아리니 하는 것들이 만들어지고 그 모임이 활발하게 움직이고 있다는 점이 그것을 증명해준다. 그뿐 아니라 대학원에는 역학교수들이 점차로 증가하고 있다.
신비한 동양철학 70 | 글갈 정대엽 편저 | 426면 | 16,000원 | 신국판

## 사주특강
### 자평진전과 적천수의 재해석
이 책은 『자평진전』과 『적천수』를 근간으로 명리학의 폭넓은 가치를 인식하고, 실전에서 유용한 기반을 다지는데 중점을 두고 썼다. 일찍이 『자평진전』을 교과서로 삼고, 『적천수』로 보완하라는 서낙오의 말에 깊이 공감한다.
신비한 동양철학 68 | 청월 박상의 편저 | 440면 | 25,000원 | 신국판

## 참역학은 이렇게 쉬운 것이다
### 음양오행의 이론으로 이루어진 참역학서
수학공식이 아무리 어렵다고 해도 1, 2, 3, 4, 5, 6, 7, 8, 9, 0의 10개의 숫자로 이루어졌듯이 사주도 음양과 오행으로 이루어 졌을 뿐이다. 그러니 용신과 격국이라는 무거운 짐을 벗어버리고 음양오행의 법칙과 진리만 정확하게 파악하면 된다. 사주는 음양오행의 변화일 뿐이고 용신과 격국은 사주를 감정하는 한 가지 방법에 지나지 않는다.
신비한 동양철학 24 | 청암 박재현 저 | 328면 | 16,000원 | 신국판

## 사주에 모든 길이 있다
### 사주를 알면 운명이 보인다!
사주를 간명하는데 조금이라도 도움이 됐으면 하는 바람에서 이 책을 썼다. 간명의 근간인 오행의 왕쇠강약을 세분하고, 대운과 세운, 세운과 월운의 연관성과, 십신과 여러 살이 미치는 암시와, 십이운성으로 세운을 판단하는 법을 설명했다.
신비한 동양철학 65 | 정담 선사 편저 | 294면 | 26,000원 | 신국판 양장

## 왕초보 내 사주
### 초보 입문용 역학서
이 책은 역학을 너무 어렵게 생각하는 초보자들에게 조금이나마 도움을 주고자 쉽게 엮으려고 노력했다. 이 책을 숙지한 후 역학(易學)의 5대 원서인 『적천수(滴天髓)』, 『궁통보감(窮通寶鑑)』, 『명리정종(命理正宗)』, 『연해자평(淵海子平)』, 『삼명통회(三命通會)』에 접근한다면 훨씬 쉽게 터득할 수 있을 것이다. 이 책들은 저자가 이미 편역하여 삼한출판사에서 출간한 것도 있고, 앞으로 모두 갖출 것이니 많이 활용하기 바란다.
신비한 동양철학 84 | 역산 김찬동 편저 | 278면 | 19,000원 | 신국판

## 명리학연구
### 체계적인 명확한 이론
이 책은 명리학 연구에 핵심적인 내용만을 모아 하나의 독립된 장을 만들었다. 명리학은 분야가 넓어 공부를 하다보면 주변에 머무르는 경우가 많아, 주요 내용을 잃고 헤매는 경우가 많다. 그러므로 뼈대를 잡는 것이 중요한데, 여기서는 「17장. 명리대요」에 핵심 내용만을 모아 학문의 체계를 잡는데 용이하게 하였다.
신비한 동양철학 59 | 권중주 저 | 562면 | 29,000원 | 신국판 양장

## 말하는 역학
### 신수를 묻는 사람 앞에서 술술 말문이 열린다
그토록 어렵다는 사주통변술을 쉽고 흥미롭게 고담과 덕담을 곁들여 사실적으로 생동감 있게 통변했다. 길흉을 어떻게 표현하느냐에 따라 상담자의 정곡을 찔러 핵심을 끌어내 정답을 내리는 것이 통변술이다.역학계의 대가 김봉준 선생의 역작.
신비한 동양철학 11 | 백우 김봉준 저 | 576면 | 26,000원 | 신국판 양장

## 통변술해법
### 가닥가닥 풀어내는 역학의 비법
이 책은 역학과 상대에 대해 머리로는 다 알면서도 밖으로 표출되지 않아 어려움을 겪는 사람들을 위한 실습서다. 특히 실명감정과 이론강의로 나누어 역학의 진리를 설명하여 초보자도 쉽게 이해할 수 있다. 역학계의 대가 김봉준 선생의 역서인 「알기쉬운 해설·말하는 역학」이 나온 후 후편을 써달라는 열화같은 요구에 못이겨 내놓은 바로 그 책이다.
신비한 동양철학 21 | 백우 김봉준 저 | 392면 | 26,000원 | 신국판 양장

## 술술 읽다보면 통달하는 사주학
### 술술 읽다보면 나도 어느새 도사
당신은 당신 마음대로 모든 일이 이루어지던가. 지금까지 누구의 명령을 받지 않고 내 맘대로 살아왔다고, 운명 따위는 믿지 않는다고, 운명에 매달리지 않는다고 말하는 사람들이 많다. 그러나 우주법칙을 모르기 때문에 하는 소리다.
신비한 동양철학 28 | 조철현 저 | 368면 | 16,000원 | 신국판

## 사주학
### 5대 원서의 핵심과 실용
이 책은 사주학을 체계적으로 공부하려는 학도들을 위해서 꼭 알아두어야 할 내용들과 용어들을 수록하는데 중점을 두었다. 이 학문을 공부하려고 많은 사람들이 필자를 찾아왔을 깨 여러 가지 질문을 던져보면 거의 기초지식이 시원치 않음을 보았다. 따라서 용어를 포함한 제반지식을 골고루 습득해야 빠른 시일 내에 소기의 목적을 달성할 수 있을 것이다.
신비한 동양철학 66 | 글갈 정대엽 저 | 778면 | 46,000원 | 신국판 양장

## 명인재
### 신기한 사주판단 비법
이 책은 오행보다는 주로 살을 이용하는 비법을 담았다. 시중에 나온 책들을 보면 살에 대해 설명은 많이 하면서도 실제 응용에서는 무시하고 있다. 이것은 살을 알면서도 응용할 줄 모르기 때문이다. 그러나 이 책에서는 살의 활용방법을 완전히 터득해, 어떤 살과 어떤 살이 합하면 어떻게 작용하는지를 자세하게 설명하였다.
신비한 동양철학 43 | 원공선사 저 | 332면 | 19,000원 | 신국판 양장

## 명리학 | 재미있는 우리사주
### 사주 세우는 방법부터 용어해설 까지!!
몇 년 전 『사주에 모든 길이 있다』가 나온 후 선배 제현들께서 알찬 내용의 책다운 책을 접했다는 찬사를 받았다. 그러나 사주의 작성법을 설명하지 않아 독자들에게 많은 질타를 받고 뒤늦게 이 책을 출판하기로 결심했다. 이 책은 한글만 알면 누구나 역학과 가까워질 수 있도록 사주 세우는 방법부터 실제간명, 용어해설에 이르기까지 분야별로 엮었다.
신비한 동양철학 74 | 정담 선사 편저 | 368면 | 19,000원 | 신국판

## 사주비기
### 역학으로 보는 역대 대통령들이 나오는 이치 !!
이 책에서는 고서의 이론을 근간으로 하여 근대의 사주들을 임상하여, 적중도에 의구심이 가는 이론들은 과감하게 탈피하고 통용될 수 있는 이론만을 수용했다. 따라서 기존 역학서의 아쉬운 부분들을 충족시키며 일반인도 열정만 있으면 누구나 자신의 운명을 감정하고 피흉취길할 수 있는 생활지침서로 활용할 수 있을 것이다.
신비한 동양철학 79 | 청월 박상의 편저 | 456면 | 19,000원 | 신국판

## 사주학의 활용법
### 가장 실질적인 역학서
우리가 생소한 지방을 여행할 때 제대로 된 지도가 있다면 편리하고 큰 도움이 되듯이 역학이란 이와같은 인생의 길잡이다. 예측불허의 인생을 살아가는데 올바른 안내자나 그 무엇이 있다면 그 이상 마음 든든하고 큰 재산은 없을 것이다.
신비한 동양철학 17 | 학선 류래웅 저 | 358면 | 15,000원 | 신국판

## 명리실무
### 명리학의 총 정리서
명리학(命理學)은 오랜 세월 많은 철인(哲人)들에 의하여 전승 발전되어 왔고, 지금도 수많은 사람이 임상과 연구에 임하고 있으며, 몇몇 대학에 학과도 개설되어 체계적인 교육을 하고 있다. 그러나 아직도 실무에서 활용할 수 있는 책이 부족한 상황이기 때문에 나름대로 현장에서 필요한 이론들을 정리해 보았다. 초학자는 물론 역학계에 종사하는 사람들에게 큰 도움이 될 것이라고 믿는다.
신비한 동양철학 94 | 박흥식 편저 | 920면 | 39,000원 | 신국판

## 사주 속으로
### 역학서의 고전들로 입증하며 쉽고 자세하게 푼 책
십 년 동안 역학계에 종사하면서 나름대로는 실전과 이론에서 최선을 다했다고 자부한다. 역학원의 비좁은 공간에서도 항상 후학을 생각하는 마음으로 역학에 대한 배움의 장을 마련하고자 노력한 것도 사실이다. 이 책을 역학으로 이름을 알리고 역학으로 생활하면서 조금이나마 역학계에 이바지할 것이 없을까라는 고민의 산물이라 생각해주기 바란다.

신비한 동양철학 95 | 김상회 편저 | 429면 | 15,000원 | 신국판

## 사주학의 방정식
### 알기 쉽게 풀어놓은 가장 실질적인 역서
이 책은 종전의 어려웠던 사주풀이의 응용과 한문을 쉬운 방법으로 터득하는데 목적을 두었고, 역학이 무엇인가를 알리고자 하는데 있다. 세인들은 역학자를 남의 운명이나 풀이하는 점쟁이로 알지만 잘못된 생각이다. 역학은 우주의 근본이며 기의 학문이기 때문에 역학을 이해하지 못하고서는 우리 인생살이 또한 정확하게 해석할 수 없는 고차원의 학문이다.

신비한 동양철학 18 | 김용오 저 | 192면 | 8,000원 | 신국판

## 오행상극설과 진화론
### 인간과 인생을 떠난 천리란 있을 수 없다
과학이 현대를 설정하여 설명하고 있으나 원리는 동양철학에도 있기에 그 양면을 밝히고자 노력했다. 우주에서 일어나는 모든 일을 과학으로 설명될 수는 없다. 비과학적이라고 하기보다는 과학이 따라오지 못한다고 설명하는 것이 더 솔직하고 옳은 표현일 것이다. 특히 과학분야에 종사하는 신의사가 저술했다는데 더 큰 화제가 되고 있다.

신비한 동양철학 5 | 김태진 저 | 222면 | 15,000원 | 신국판

## 스스로 공부하게 하는 방법과 천부적 적성
### 내 아이를 성공시키고 싶은 부모들에게
자녀를 성공시키고 싶은 마음은 누구나 같겠지만 가난한 집 아이가 좋은 성적을 내기는 매우 어렵고, 원하는 학교에 들어가기도 어렵다. 그러나 실망하기에는 아직 이르다. 내 아이가 훌륭하게 성장해 아름답고 멋진 삶을 살아가는 방법을 소개한다.

신비한 동양철학 85 | 청암 박재현 지음 | 176면 | 14,000원 | 신국판

## 진짜부적 가짜부적
### 부적의 실체와 정확한 제작방법
인쇄부적에서 가짜부적에 이르기까지 많게는 몇백만원에 팔리고 있다는 보도를 종종 듣는다. 그러나 부적은 정확한 제작방법에 따라 자신의 용도에 맞게 스스로 만들어 사용하면 훨씬 더 좋은 효과를 얻을 수 있다. 이 책은 중국에서 정통부적을 연구한 국내유일의 동양오술학자가 밝힌 부적의 실체와 정확한 제작방법을 소개하고 있다.

신비한 동양철학 7 | 오상익 저 | 322면 | 15,000원 | 신국판

## 수명비결
### 주민등록번호 13자로 숙명의 정체를 밝힌다
우리는 지금 무수히 많은 숫자의 거미줄에 매달려 허우적거리며 살아가고 있다. 1분 · 1초가 생사를 가름하고, 1등 · 2등이 인생을 좌우하며, 1급 · 2급이 신분을 구분하는 세상이다. 이 책은 수명리학으로 13자의 주민등록번호로 명예, 재산, 건강, 수명, 애정, 자녀운 등을 미리 읽어본다.

신비한 동양철학 14 | 장충한 저 | 308면 | 15,000원 | 신국판

## 진짜궁합 가짜궁합
### 남녀궁합의 새로운 충격
중국에서 연구한 국내유일의 동양오술학자가 우리나라 역술가들의 궁합법이 잘못되었다는 것을 학술적으로 분석 · 비평하고, 전적과 사례연구를 통하여 궁합의 실체와 타당성을 분석했다. 합리적인 「자미두수궁합법」과 「남녀궁합」 및 출생시간을 몰라 궁합을 못보는 사람들을 위하여 「지문으로 보는 궁합법」 등을 공개하고 있다.

신비한 동양철학 8 | 오상익 저 | 414면 | 15,000원 | 신국판

## 주역육효 해설방법(상 · 하)
### 한 번만 읽으면 주역을 활용할 수 있는 책
이 책은 주역을 해설한 것으로, 될 수 있는 한 여러 가지 사설을 덧붙이지 않고, 주역을 공부하고 활용하는데 필요한 요건만을 기록했다. 따라서 주역의 근원이나 하도낙서, 음양오행에 대해서도 많은 설명을 자제했다. 다만 누구나 이 책을 한 번 읽어서 주역을 이해하고 활용할 수 있도록 하는데 중점을 두었다.
신비한 동양철학 38 | 원공선사 저 | 상 810면 · 하 798면 | 각 29,000원 | 신국판

## 쉽게 푼 주역
### 귀신도 탄복한다는 주역을 쉽고 재미있게 풀어놓은 책
주역이라는 말 한마디면 귀신도 기겁을 하고 놀라 자빠진다는데, 운수와 일진이 문제가 될까. 8×8=64괘라는 주역을 한 괘에 23개씩의 회답으로 해설하여 1472괘의 신비한 해답을 수록했다. 당신이 당면한 문제라면 무엇이든 해결할 수 있는 열쇠가 이 한 권의 책 속에 있다.
신비한 동양철학 10 | 정도명 저 | 284면 | 16,000원 | 신국판 양장

## 주역 기본원리
### 주역의 기본원리를 통달할 수 있는 책
이 책에서는 기본괘와 변화와 기본괘가 어떤 괘로 변했을 경우 일어날 수 있는 내용들을 설명하여 주역의 변화에 대한 이해를 돕는데 주력하였다. 그러나 그런 내용을 구분할 수 있는 방법을 전부 다 설명할 수는 없기에 뒷장에 간단하게설명하였고, 다른 책들과 설명의 차이점도 기록하였으니 참작하여 본다면 조금이나마 도움이 될 것이다.
신비한 동양철학 67 | 원공선사 편저 | 800면 | 39,000원 | 신국판

## 완성 주역비결 | 주역 토정비결
### 반쪽으로 전해오는 토정비결을 완전하게 해설
지금 시중에 나와 있는 토정비결에 대한 책들은 옛날부터 내려오는 완전한 비결이 아니라 반쪽의 책이다. 그러나 반쪽이라고 말하는 사람은 없다. 그것은 주역의 원리를 모르기 때문이다. 그래서 늦은 감이 없지 않으나 앞으로 수많은 세월을 생각해서 완전한 해설판을 내놓기로 했다.
신비한 동양철학 92 | 원공선사 편저 | 396면 | 16,000원 | 신국판

## 육효대전
### 정확한 해설과 다양한 활용법
동양고전 중에서도 가장 대표적인 것이 주역이다. 주역은 옛사람들이 자연을 거울삼아 생활을 영위해 나가는 처세에 관한 지혜를 무한히 내포하고, 피흉추길하는 얼과 슬기가 함축된 점서인 동시에 수양 · 과학서요 철학 · 종교서라고 할 수 있다.
신비한 동양철학 37 | 도관 박흥식 편저 | 608면 | 26,000원 | 신국판

## 육효점 정론
### 육효학의 정수
이 책은 주역의 원전소개와 상수역법의 꽃으로 발전한 경방학을 같이 실어 독자들의 호기심을 충족시키는데 중점을 두었습니다. 주역의 원전으로 인화의 처세술을 터득하고, 어떤 사안의 답은 육효법을 탐독하여 찾으시기 바랍니다.
신비한 동양철학 80 | 효명 최인영 편역 | 396면 | 29,000원 | 신국판

## 육효학 총론
### 육효학의 핵심만을 정확하고 알기 쉽게 정리
육효는 갑자기 문제가 생겨 난감한 경우에 명쾌한 답을 찾을 수 있는 학문이다. 그러나 시중에 나와 있는 책들이 대부분 원서를 그대로 번역해 놓은 것이라 전문가인 필자가 보기에도 지루하며 어렵다는 느낌이 들었다. 그래서 보다 쉽게 공부할 수 있도록 이 책을 출간하게 되었다.
신비한 동양철학 89 | 김도희 편저 | 174쪽 | 26,000원 | 신국판

## 기문둔갑 비급대성
### 기문의 정수
기문둔갑은 천문지리 · 인사명리 · 법술병법 등에 영험한 술수로 예로부터 은밀하게 특권층에만 전승되었다. 그러나 아쉽게도 기문을 공부하려는 이들에게 도움이 될만한 책이 거의 없다. 필자는 이 점이 안타까워 천견박식함을 돌아보지 않고 감히 책을 내게 되었다. 한 권에 기문학을 다 표현할 수는 없지만 이 책을 사다리 삼아 저 높은 경지로 올라간다면 제갈공명과 같은 지혜를 발휘할 수 있을 것이다.
신비한 동양철학 86 | 도관 박홍식 편저 | 725면 | 39,000원 | 신국판

## 기문둔갑옥경
### 가장 권위 있고 우수한 학문
우리나라의 기문역사는 장구하나 상세한 문헌은 전무한 상태라 이 책을 발간하였다. 기문둔갑은 천문지리는 물론 인사명리 등 제반사에 관한 길흉을 판단함에 있어서 가장 우수한 학문이며 병법과 법술방면으로도 특징과 장점이 있다. 초학자는 포국편을 열심히 익혀 실국을 자유자재로 할 수 있도록 하고, 개인의 이익보다는 보국안민에 일조하기 바란다.
신비한 동양철학 32 | 도관 박홍식 저 | 674면 | 39,000원 | 사륙배판

## 오늘의 토정비결
### 일년신수와 죽느냐 사느냐를 알려주는 예언서
역산비결은 일년신수를 보는 역학서이다. 당년의 신수만 본다는 것은 토정비결과 비슷하나 토정비결은 토정 선생께서 사람들에게 용기와 희망을 주기 위함이 목적이어서 다소 허황되고 과장된 부분이 많다. 그러나 역산비결은 재미로 보는 신수가 아니라, 죽느냐 사느냐를 알려주는 예언서이이니 재미로 보는 토정비결과는 차원이 다르다.
신비한 동양철학 72 | 역산 김찬동 편저 | 304면 | 16,000원 | 신국판

## 國運 · 나라의 운세
### 역으로 풀어본 우리나라의 운명과 방향
아무리 서구사상의 파고가 높다하기로 오천 년을 한결같이 가꾸며 살아온 백두의 혼이 와르르 무너지는 지경에 왔어도 누구하나 입을 열어 말하는 사람이 없으니 답답하다. 불확실한 내일에 대한 해답을 이 책은 명쾌하게 제시하고 있다.
신비한 동양철학 22 | 백우 김봉준 저 | 290면 | 9,000원 | 신국판

## 남사고의 마지막 예언
### 이 책으로 격암유록에 대한 논란이 끝나기 바란다
감히 이 책을 21세기의 성경이라고 말한다. 〈격암유록〉은 섭리가 우리민족에게 준 위대한 복음서이며, 선물이며, 꿈이며, 인류의 희망이다. 이 책에서는 〈격암유록〉이 전하고자 하는 바를 주제별로 정리하여 문답식으로 풀어갔다. 이 책으로 〈격암유록〉에 대한 논란은 끝나기 바란다.
신비한 동양철학 29 | 석정 박순용 저 | 276면 | 16,000원 | 신국판

## 원토정비결
### 반쪽으로만 전해오는 토정비결의 완전한 해설판
지금 시중에 나와 있는 토정비결에 대한 책들을 보면 옛날부터 내려오는 완전한 비결이 아니라 반면의 책이다. 그러나 반면이라고 말하는 사람이 없다. 그것은 주역의 원리를 모르기 때문이다. 따라서 늦은 감이 없지 않으나 앞으로의 수많은 세월을 생각하면서 완전한 해설본을 내놓았다.
신비한 동양철학 53 | 원공선사 저 | 396면 | 24,000원 | 신국판 양장

## 나의 천운 · 운세찾기
### 몽골정통 토정비결
이 책은 역학계의 대가 김봉준 선생이 몽공토정비결을 우리의 인습과 체질에 맞게 엮은 것이다. 운의 흐름을 알리고자 호운과 쇠운을 강조하고, 현재의 나를 조명하고 판단할 수 있도록 했다. 모쪼록 생활서나 안내서로 활용하기 바란다.
신비한 동양철학 12 | 백우 김봉준 저 | 308면 | 11,000원 | 신국판

## 역점 | 우리나라 전통 행운찾기
**쉽게 쓴 64괘 역점 보는 법**

주역이 점치는 책에만 불과했다면 벌써 그 존재가 없어졌을 것이다. 그러나 오랫동안 많은 학자가 연구를 계속해왔고, 그 속에서 자연과학과 형이상학적인 우주론과 인생론을 밝혀, 정치·경제·사회 등 여러 방면에서 인간의 생활에 응용해왔고, 삶의 지침서로써 그 역할을 했다. 이 책은 한 번만 읽으면 누구나 역점가가 될 수 있으니 생활에 도움이 되길 바란다.
신비한 동양철학 57 | 문명상 편저 | 382면 | 26,000원 | 신국판 양장

## 이렇게 하면 좋은 운이 온다
**한 가정에 한 권씩 놓아두고 불만한 책**

좋은 운을 부르는 방법은 방위·색상·수리·년운·월운·날짜·시간·궁합·이름·직업·물건·보석·맛·과일·기운·마을·가축·성격 등을 정확하게 파악하여 자신에게 길한 것은 취하고 흉한 것은 피하면 된다. 이 책의 저자는 신학대학을 졸업하고 역학계에 입문했다는 특별한 이력을 갖고 있기 때문에 더 많은 화제가 되고 있다.
신비한 동양철학 27 | 역산 김찬동 저 | 434면 | 16,000원 | 신국판

## 운을 잡으세요 | 改運秘法
**염력강화로 삶의 문제를 해결한다!**

행복과 불행은 누가 주는 것이 아니라 자기 자신이 만든다고 할 수 있다. 한 마디로 말해 의지의 힘, 즉 염력이 운명을 바꾸는 것이다. 이 책에서는 이러한 염력을 강화시켜 삶에서 일어나는 문제를 해결하는 방법을 알려준다. 누구나 가벼운 마음으로 읽고 실천한다면 반드시 목적을 이룰 수 있을 것이다.
신비한 동양철학 76 | 역산 김찬동 편저 | 272면 | 10,000원 | 신국판

## 복을 부르는방법
**나쁜 운을 좋은 운으로 바꾸는 비결**

개운하는 방법은 여러 가지가 있으나, 이 책의 비법은 축원문을 독송하는 것이다. 독송이란 소리내 읽는다는 뜻이다. 사람의 말에는 기운이 있는데, 이 기운은 자신에게 돌아온다. 좋은 말을 하면 좋은 기운이 돌아오고, 나쁜 말을 하면 나쁜 기운이 돌아온다. 이 책은 누구나 어디서나 쉽게 비용을 들이지 않고 좋은 운을 부를 수 있는 방법을 실었다.
신비한 동양철학 69 | 역산 김찬동 편저 | 194면 | 11,000원 | 신국판

## 천직·사주팔자로 찾은 나의 직업
**천직을 찾으면 역경없이 탄탄하게 성공할 수 있다**

잘 되겠지 하는 막연한 생각으로 의욕만 갖고 도전하는 것과 나에게 맞는 직종은 무엇이고 때는 언제인가를 알고 도전하는 것은 근본적으로 다르고, 결과도 다르다. 만일 의욕만으로 팔자에도 없는 사업을 시작했다고 하자, 결과는 불을 보듯 뻔하다. 그러므로 이런 때일수록 침착과 냉정을 찾아 내 그릇부터 알고, 생활에 대처하는 지혜로움을 발휘해야 한다.
신비한 동양철학 34 | 백우 김봉준 저 | 376면 | 19,000원 | 신국판

## 운세십진법·本大路
**운명을 알고 대처하는 것은 현대인의 지혜다**

타고난 운명은 분명히 있다. 그러니 자신의 운명을 알고 대처한다면 비록 운명을 바꿀 수는 없지만 향상시킬 수 있다. 이것이 사주학을 알아야 하는 이유다. 이 책에서는 자신이 타고난 숙명과 앞으로 펼쳐질 운명행로를 찾을 수 있도록 운명의 기초를 초연하게 설명하고 있다.
신비한 동양철학 1 | 백우 김봉준 저 | 364면 | 16,000원 | 신국판

## 성명학 | 바로 이 이름
**사주의 운기와 조화를 고려한 이름짓기**

사람은 누구나 타고난 운명이 있다. 숙명인 사주팔자는 선천운이고, 성명은 후천운이 되는 것으로 이름을 지을 때는 타고난 운기와의 조화를 고려해야 한다. 따라서 역학에 대한 깊은 이해가 선행함은 지극히 당연하다. 부언하면 작명의 근본은 타고난 사주에 운기를 종합적으로 분석하여 부족한 점을 보강하고 결점을 개선한다는 큰 뜻이 있다고 할 수 있다.
신비한 동양철학 75 | 정담 선사 편저 | 488면 | 24,000원 | 신국판

## 작명 백과사전
### 367가지 이름짓는 방법과 선후천 역상법 수록
이름은 나를 대표하는 생명체이므로 몸은 세상을 떠날지라도 영원히 남는다. 성명운의 유도력은 후천적으로 가공 인수되는 후존적 수기로써 조성 운화되는 작용력이 있다. 선천수기의 운기력이 50%이면 후천수기도의 운기력도50%이다. 이와 같이 성명운의 작용은 운로에 불가결한조건일 뿐 아니라, 선천명운의 범위에서 기능을 충분히 할 수 있다.
신비한 동양철학 81 | 임삼업 편저 | 송충석 감수 | 730면 | 36,000원 | 사륙배판

## 작명해명
### 누구나 쉽게 활용할 수 있는 체계적인 작명법
일반적인 성명학으로는 알 수 없는 한자이름, 한글이름, 영문이름, 예명, 회사명, 상호, 상품명 등의 작명방법을 여러 사례를 들어 체계적으로 분석하여 누구나 쉽게 배워서 활용할 수 있도록 서술했다.
신비한 동양철학 26 | 도관 박홍식 저 | 518면 | 19,000원 | 신국판

## 역산성명학
### 이름은 제2의 자신이다
이름에는 각각 고유의 뜻과 기운이 있어 그 기운이 성격을 만들고 그 성격이 운명을 만든다. 나쁜 이름은 부르면 부를수록 불행을 부르고 좋은 이름은 부르면 부를수록 행복을 부른다. 만일 이름이 거지같다면 아무리 운세를 잘 만나도 밥을 좀더 많이 얻어 먹을 수 있을 뿐이다. 저자는 신학대학을 졸업하고 역학계에 입문한 특별한 이력으로 많은 화제가 된다.
신비한 동양철학 25 | 역산 김찬동 저 | 456면 | 19,000원 | 신국판

## 작명정론
### 이름으로 보는 역대 대통령이 나오는 이치
사주팔자가 네 기둥으로 세워진 집이라면 이름은 그 집을 대표하는 문패라고 할 수 있다. 따라서 이름을 지을 때는 사주의 격에 맞추어야 한다. 사주 그릇이 작은 사람이 원대한 뜻의 이름을 쓰면 감당하지 못할 시련을 자초하게 되고 오히려 이름값을 못할 수 있다. 즉 분수에 맞는 이름으로 작명해야 하기 때문에 사주의 올바른 분석이 필요하다.
신비한 동양철학 77 | 청월 박상의 편저 | 430면 | 19,000원 | 신국판

## 음파메세지(氣)성명학
### 새로운 시대에 맞는 새로운 성명학
지금까지의 모든 성명학은 모순의 극치를 이룬다. 그러나 이제 새 시대에 맞는 음파메세지(氣) 성명학이 나왔으니 복을 계속 부르는 이름을 지어 사랑하는 자녀가 행복하고 아름다운 삶을 살아갈 수 있도록 하는데 도움이 되었으면 한다.
신비한 동양철학 51 | 청암 박재현 저 | 626면 | 39,000원 | 신국판 양장

## 아호연구
### 여러 가지 작호법과 실제 예 모음
필자는 오래 전부터 작명을 연구했다. 그러나 시중에 나와 있는 책에는 대부분 아호에 관해서는 전혀 언급하지 않았다. 그래서 아호에 관심이 있어도 자료를 구하지 못하는 분들을 위해 이 책을 내게 되었다. 아호를 짓는 것은 그리 대단하거나 복잡하지 않으니 이 책을 처음부터 끝까지 착실히 공부한다면 누구나 좋은 아호를 지어 쓸 수 있을 것이라고 생각한다.
신비한 동양철학 87 | 임삼업 편저 | 308면 | 26,000원 | 신국판

## 한글이미지 성명학
### 이름감정서
이 책은 본인의 이름은 물론 사랑하는 가족 그리고 가까운 친척이나 친구들의 이름까지도 좋은지 나쁜지 알아볼 수 있도록 지금까지 나와 있는 모든 성명학을 토대로 하여 썼다. 감언이설이나 협박성 감명에 흔들리지 않고 확실한 이름풀이를 볼 수 있을 것이다. 그리고 아름답고 멋진 삶을 살아갈 수 있는 이름을 짓는 방법도 상세하게 제시하였다.
신비한 동양철학 93 | 청암 박재현 지음 | 287면 | 10,000원 | 신국판

## 비법 작명기술
### 복과 성공을 함께 하려면
이 책은 성명의 발음오행이나 이름의 획수를 근간으로 하는 실제 이용이 가장 많은 기본 작명법을 서술하고, 주역의 괘상으로 풀어 길흉을 판단하는 역상법 5가지와 그외 중요한 작명법 5가지를 합하여 「보배로운 10가지 이름 짓는 방법」을 실었다. 특히 작명비법인 선후천역상법은 성명의 원획에 의존하는 작명법과 달리 정획과 곡획을 사용해 주역 상수학을 대표하는 하락이수를 쓰고, 육효가 들어가 응험률을 높였다.
신비한 동양철학 96 | 임삼업 편저 | 370면 | 30,000원 | 사륙배판

## 올바른 작명법
### 소중한 이름, 알고 짓자!
세상 부모들에게 가장 소중한 것이 뭐냐고 물으면 자녀라고 할 것이다. 그런데 왜 평생을 좌우할 이름을 함부로 짓는가. 이름이 얼마나 소중한지, 이름의 오행작용이 일생을 어떻게 좌우하는지 모르기 때문이다.
신비한 동양철학 61 | 이정재 저 | 352면 | 19,000원 | 신국판

## 호(雅號) 책
### 아호 짓는 방법과 역대 유명인사의 아호, 인명용 한자 수록
필자는 오래 전부터 작명연구에 열중했으나 대부분의 작명책에는 아호에 관해서는 전혀 언급하지 않고, 간혹 거론했어도 몇 줄 정도의 뜻풀이에 불과하거나 일반작명법에 준한다는 암시만 풍기며 끝을 맺었다. 따라서 필자가 참고한 문헌도 적었음을 인정한다. 아호에 관심이 있어도 자료를 구하지 못하는 현실에 착안하여 필자 나름대로 각고 끝에 본서를 펴냈다.
신비한 동양철학 97 | 임삼업 편저 | 390면 | 20,000원 | 신국판

## 관상오행
### 한국인의 특성에 맞는 관상법
좋은 관상인 것 같으나 실제로는 나쁘거나 좋은 관상이 아닌데도 잘 사는 사람이 왕왕있어 관상법 연구에 흥미를 잃는 경우가 있다. 이것은 중국의 관상법만을 익히고 우리의 독특한 환경적인 특징을 소홀히 다루었기 때문이다. 이에 우리 한국인에게 알맞는 관상법을 연구하여 누구나 관상을 쉽게 알아보고 해석할 수 있도록 자세하게 풀어놓았다.
신비한 동양철학 20 | 송파 정상기 저 | 284면 | 12,000원 | 신국판

## 정본 관상과 손금
### 바로 알고 사람을 사귑시다
이 책은 관상과 손금은 인생을 행복하게 만든다는 관점에서 다루었다. 그야말로 관상과 손금의 혁명이라고 할 수 있다. 여러분도 관상과 손금을 통한 예지력으로 인생의 참주인이 되기 바란다. 용기를 불어넣어 주고 행복을 찾게 하는 것이 참다운 관상과 손금술이다. 이 책이 일상사에 고민하는 분들에게 해결방법을 제시해 줄 것이다.
신비한 동양철학 42 | 지창룡 감수 | 332면 | 16,000원 | 신국판 양장

## 이런 사원이 좋습니다
### 사원선발 면접지침
사회가 다양해지면서 인력관리의 전문화와 인력수급이 기업주의 애로사항이 되었다. 필자는 그동안 많은 기업의 사원선발 면접시험에 참여했는데 기업주들이 모두 면접지침에 관한 책이 있으면 좋겠다는 것이다. 그래서 경험한 사례를 참작해 이 책을 내니 좋은 사원을 선발하는데 많은 도움이 될 것이라고 믿는다.
신비한 동양철학 90 | 정도명 지음 | 274면 | 19,000원 | 신국판

## 핵심 관상과 손금
### 사람을 볼 줄 아는 안목과 지혜를 알려주는 책
오늘과 내일을 예측할 수 없을만큼 복잡하게 펼쳐지는 현실에서 살아남기 위해서는 사람을 볼줄 아는 안목과 지혜가 필요하다. 시중에 관상학에 대한 책들이 많이 나와있지만 너무 형이상학적이라 전문가도 이해하기 어렵다. 이 책에서는 누구라도 쉽게 보고 이해할 수 있도록 핵심만을 파악해서 설명했다.
신비한 동양철학 54 | 백우 김봉준 저 | 188면 | 14,000원 | 사륙판 양장

## 완벽 사주와 관상
### 우리의 삶과 관계 있는 사실적 관계로만 설명한 책
이 책은 우리의 삶과 관계 있는 사실적 관계로만 역을 설명하고, 역에 대한 관심과 흥미를 갖게 하고자 관상학을 추록했다. 여기에 추록된 관상학은 시중에서 흔하게 볼 수 있는 상법이 아니라 생활상법, 즉 삶의 지식과 상식을 드리고자 했다.
신비한 동양철학 55 │ 김봉준·유오준 공저 │ 530면 │ 36,000원 │ 신국판 양장

## 사람을 보는 지혜
### 관상학의 초보에서 실용까지
현자는 하늘이 준 명을 알고 있기에 부귀에 연연하지 않는다. 사람은 마음을 다스리는 심명이 있다. 마음의 명은 자신만이 소통하는 유일한 우주의 무형의 에너지이기 때문에 잠시도 잊으면 안된다. 관상학은 사람의 상으로 이런 마음을 살피는 학문이니 잘 이해하여 보다 나은 삶을 삶을 영위할 수 있도록 노력해야 한다.
신비한 동양철학 73 │ 이부길 편저 │ 510면 │ 20,000원 │ 신국판

## 한눈에 보는 손금
### 논리정연하며 바로미터적인 지침서
이 책은 수상학의 연원을 초월해서 동서합일의 이론으로 집필했다. 그야말로 논리정연한 수상학을 정리하였다. 그래서 운명적, 철학적, 동양적, 심리학적인 면을 예증과 방편에 이르기까지 상세하게 기술했다. 이 책은 수상학이라기 보다 바로미터적인 지침서 역할을 해줄 것이다. 독자 여러분의 꾸준한 연구와 더불어 인생성공의 지침서가 될 수 있을 것이다.
신비한 동양철학 52 │ 정도명 저 │ 432면 │ 24,000원 │ 신국판 양장

## 이런 집에 살아야 잘 풀린다
### 운이 트이는 좋은 집 알아보는 비결
한마디로 운이 트이는 집을 갖고 싶은 것은 모두의 꿈일 것이다. 50평이니 60평이니 하며 평수에 구애받지 않고 가족이 평온하게 생활할 수 있고 나날이 발전할 수 있는 그런 집이 있다면 얼마나 좋을까? 그런 소망에 한 걸음이라도 가까워지려면 막연하게 운만 기대하고 있어서는 안 된다. 좋은 집을 가지려면 그만한 노력이 있어야 한다.
신비한 동양철학 64 │ 강현술·박홍식 감수 │ 270면 │ 16,000원 │ 신국판

## 점포, 이렇게 하면 부자됩니다
### 부자되는 점포, 보는 방법과 만드는 방법
사업의 성공과 실패는 어떤 사업장에서 어떤 품목으로 어떤 사람들과 거래하느냐에 따라 판가름난다. 그리고 사업을 성공시키려면 반드시 몇 가지 문제를 살펴야 하는데 무작정 사업을 시작하여 실패하는 사람들이 많다. 그래서 이 책에서는 이러한 문제와 방법들을 조목조목 기술하여 누구나 성공하도록 도움을 주는데 주력하였다.
신비한 동양철학 88 │ 김도희 편저 │ 177면 │ 26,000원 │ 신국판

## 쉽게 푼 풍수
### 현장에서 활용하는 풍수지리법
산도는 매우 광범위하고, 현장에서 알아보기 힘들다. 더구나 지금은 수목이 울창해 소조산 정상에 올라가도 나무에 가려 국세를 파악하는데 애를 먹는다. 따라서 사진을 첨부하니 많은 활용하기 바란다. 물론 결록에 있고 산도가 눈에 익은 것은 혈 사진과 함께 소개하였다. 이 책을 열심히 정독하면서 답산하면 혈을 알아보고 용산도 할 수 있을 것이다.
신비한 동양철학 60 │ 전항수·주장관 편저 │ 378면 │ 26,000원 │ 신국판

## 음택양택
### 현세의 운·내세의 운
이 책에서는 음양택명당의 조건이나 기타 여러 가지를 설명하여 산 자와 죽은 자의 행복한 집을 만들 수 있도록 했다. 특히 죽은 자의 집인 음택명당은 자리를 옳게 잡으면 꾸준히 생기를 발하여 흥하나, 그렇지 않으면 큰 피해를 당하니 돈보다도 행·불행의 근원인 음양택명당에 관심을 기울여야 한다.
신비한 동양철학 63 │ 전항수·주장관 지음 │ 392면 │ 29,000원 │ 신국판

## 용의 혈 · 풍수지리 실기 100선
**실전에서 실감나게 적용하는 풍수의 길잡이**

이 책은 풍수지리 문헌인 만두산법서, 명산론, 금랑경 등을 이해하기 쉽도록 주제별로 간추려 설명했으며, 풍수지리학을 쉽게 접근하여 공부하고, 실전에 활용하여 실감나게 적용할 수 있도록 하는데 역점을 두었다.
신비한 동양철학 30 | 호산 윤재우 저 | 534면 | 29,000원 | 신국판

## 현장 지리풍수
**현장감을 살린 지리풍수법**

풍수를 업으로 삼는 사람들이 진가를 분별할 줄 모르면서 많은 법을 알았다고 자부하며 뽐낸다. 그리고는 재물에 눈이 어두워 불길한 산을 길하다 하고, 선하지 못한 물을 선하다 한다. 이는 분수 밖의 것을 바라기 때문이다. 마음가짐을 바로 하고 고대 원전에 공력을 바치면서 산간을 실사하며 적공을 쏟으면 정교롭고 세밀한 경지를 얻을 수 있을 것이다.
신비한 동양철학 48 | 전항수 · 주관장 편저 | 434면 | 36,000원 | 신국판 양장

## 찾기 쉬운 명당
**실전에서 활용할 수 있는 책**

가능하면 쉽게 풀어 실전에 도움이 되도록 했다. 특히 풍수지리에서 방향측정에 필수인 패철 사용과 나경 9층을 각 층별로 설명했다. 그리고 이 책에 수록된 도설, 즉 오성도, 명산도, 명당 형세도 내거수 명당도, 지각형세도, 용의 과협출맥도, 사대 혈형 와겸유돌 형세도 등은 국립중앙도서관에 소장된 문헌자료인 만산도단, 만산영도, 이석당 은민산도의 원본을 참조했다.
신비한 동양철학 44 | 호산 윤재우 저 | 386면 | 19,000원 | 신국판 양장

## 해몽정본
**꿈의 모든 것**

시중에 꿈해몽에 관한 책은 많지만 막상 내가 꾼 꿈을 해몽을 하려고 하면 어디다 대입시켜야 할지 모르는 경우가 많았을 것이다. 그러나 최대한으로 많은 예를 들었고, 찾기 쉽고 명료하게 만들었기 때문에 해몽을 하는데 어려움이 없을 것이다. 한집에 한권씩 두고 보면서 나쁜 꿈은 예방하고 좋은 꿈을 좋은 일로 연결시킨다면 생활에 많은 도움이 될 것이다.
신비한 동양철학 36 | 청암 박재현 저 | 766면 | 19,000원 | 신국판

## 해몽 · 해몽법
**해몽법을 알기 쉽게 설명한 책**

인생은 꿈이 예지한 시간적 한계에서 점점 소멸되어 가는 현존물이기 때문에 반드시 꿈의 뜻을 따라야 한다. 이것은 꿈을 먹고 살아가는 인간 즉 태몽의 끝장면인 죽음을 향해 달려가고 있는 인간이기 때문이다. 꿈은 우리의 삶을 이끌어가는 이 정표와도 같기에 똑바로 가도록 노력해야 한다.
신비한 동양철학 50 | 김종일 저 | 552면 | 26,000원 | 신국판 양장

## 명이용어와 시결음미
**명리학의 어려운 용어와 숙어를 쉽게 풀이한 책**

명리학을 연구하는 이들은 기초공부가 끝나면 자연스럽게 훌륭하다고 평가하는 고전의 이론을 접하게 된다. 그러나 시결과 용어와 숙어는 어려운 한자로만 되어 있어 대다수가 선뜻 탐독과 음미에 취미를 잃는다. 그래서 누구나 어려움 없이 쉽게 읽고 깊이 있게 음미할 수 있도록 원문에 한글로 발음을 달고 어려운 용어와 숙어에 해석을 달아 이 책을 내게 되었다.
신비한 동양철학 103 | 원각 김구현 편저 | 300면 | 25,000원 | 신국판

## 완벽 만세력
**착각하기 쉬운 서머타임 2도 인쇄**

시중에 많은 종류의 만세력이 나와있지만 이 책은 단순한 만세력이 아니라 완벽한 만세경전으로 만세력 보는 법 등을 실었기 때문에 처음 대하는 사람이라도 쉽게 볼 수 있도록 편집되었다. 또한 부록편에는 사주명리학, 신살종합해설, 결혼과 이사택일 및 이사방향, 길흉보는 법, 우주천기와 한국의 역사 등을 수록했다.
신비한 동양철학 99 | 백우 김봉준 저 | 316면 | 20,000원 | 사륙배판

## 정본만세력

이 책은 완벽한 만세력으로 만세력 보는 방법을 자세하게 설명했다. 그리고 역학에 대한 기본적인 내용과 결혼하기 좋은 나이·좋은 날·좋은 시간, 아들·딸 태아감별법, 이사하기 좋은 날·좋은 방향 등을 부록으로 실었다.

신비한 동양철학 45 | 백우 김봉준 저 | 304면 | 사륙배판 26,000원, 신국판 16,000원, 사륙판 10,000원, 포켓판 9,000원

## 정본 | 완벽 만세력
### 착각하기 쉬운 서머타임 2도인쇄

시중에 많은 종류의 만세력이 있지만 이 책은 단순한 만세력이 아니라 완벽한 만세경전이다. 그리고 만세력 보는 법 등을 실었기 때문에 처음 대하는 사람이라도 쉽게 볼 수 있다. 또 부록편에는 사주명리학, 신살 종합해설, 결혼과 이사 택일, 이사 방향, 길흉보는 법, 우주의 천기와 우리나라 역사 등을 수록하였다.

신비한 동양철학 99 | 김봉준 편저 | 316면 | 20,000원 | 사륙배판

## 원심수기 통증예방 관리비법
### 쉽게 배워 적용할 수 있는 통증관리법

『원심수기 통증예방 관리비법』은 4차원의 건강관리법으로 질병이 악화되는 것을 예방하여 건강한 몸을 유지하는데 그 목적이 있다. 시중의 수기요법과 비슷하나 특장점은 힘이 들지 않아 어린아이부터 노인까지 누구나 시술할 수 있고, 배우고 적용하는 과정이 쉽고 간단하며, 시술 장소나 도구가 필요 없으니 언제 어디서나 시술할 수 있다.

신비한 동양철학 78 | 원공 선사 저 | 288면 | 16,000원 | 신국판

## 운명으로 본 나의 질병과 건강상태
### 타고난 건강상태와 질병에 대한 대비책

이 책은 국내 유일의 동양오술학자가 사주학과 정통명리학의 양대산맥을 이루는 자미두수 이론으로 임상실험을 거쳐 작성한 자료다. 따라서 명리학을 응용한 최초의 완벽한 의학서로 질병을 예방하고 치료하는데 활용하면 최고의 의사가 될 것이다. 또한 예방의학적인 차원에서 건강을 유지하는데 훌륭한 지침서로 현대의학의 새로운 장을 여는 계기가 될 것이다.

신비한 동양철학 9 | 오상익 저 | 474면 | 15,000원 | 신국판

## 서체자전
### 해서를 기본으로 전서, 예서, 행서, 초서를 연습할 수 있는 책

한자는 오랜 옛날부터 우리 생활과 뗄 수 없는 관계를 맺어왔음에도 잘 몰라 불편을 겪는 사람들이 많아 이 책을 내게 되었다. 이 책에서는 해서를 기본으로 각 글자마다 전서, 예서, 행서, 초서 순으로 배열하여 독자가 필요한 것을 찾아 연습하기 쉽도록 하였다.

신비한 동양철학 98 | 편집부 편 | 273면 | 16,000원 | 사륙배판

## 택일민력(擇日民曆)
### 택일에 관한 모든 것

이 책은 택일에 대한 모든 것을 넣으려고 최선을 다하였다. 동양철학을 공부하여 상담하거나 종교인·무속인·일반인들이 원하는 부분을 쉽게 찾아 활용할 수 있도록 칠십이후, 절기에 따른 벼농사의 순서와 중요한 과정, 납음오행, 신살의 의미, 구성조견표, 결혼·이사·제사·장례·이장에 관한 사항 등을 폭넓게 수록하였다.

신비한 동양철학 100 | 최인영 편저 | 80면 | 5,000원 | 사륙배판

## 모든 질병에서 해방을 1·2
### 건강실용서

우리나라는 아주 오랜 옛날부터 건강과 관련한 약재들이 산천에 널려 있었고, 우리 민족은 그 약재들을 슬기롭게 이용하며 나름대로 건강하게 살아왔다. 그러나 오늘날 현대의학에 밀려 외면당하며 사라지게 되었다. 이에 옛날부터 내려오는 의학서적인 『기사회생』과 『단방심편』을 바탕으로 민가에서 활용했던 민간요법들을 정리하고, 현대에 개발된 약재들이나 시술방법들을 정리했다.

신비한 동양철학 102 | 원공 선사 편저 | 1권 448면·2권 416면 | 각 29,000원 | 신국판

## 명리용어와 시결음미
### 어려운 명리용어와 숙어를 쉽게 풀이한 책
명리학을 연구하는 이들은 기초공부가 끝나면 자연스럽게 훌륭하다고 평가하는 고전의 이론을 접하게 된다. 그러나 음양오행의 논리와 심오한 명리학의 진리에 큰 뜻을 갈무리하고 있는 것으로, 이 모두가 세상의 도리와 관련이 있는 시결(詩訣)과 용어와 숙어는 어려운 한자로만 되어 있어 대다수의 역학도는 선뜻 탐독과 음미에 취미를 잃을 수 있다. 그래서 누구나 어려움 없이 쉽게 읽고 깊이 있게 음미할 수 있도록 원문에 한글로 발음을 달고 어려운 용어와 숙어에 해석을 달아 이 책을 내게 되었다.
신비한 동양철학 103  |  원각 김구현 편저  |  300면  |  25,000원  |  신국판

## 참역학은 이렇게 쉬운 것이다② ― 완결편
### 역학을 활용하는 방법을 정리한 책
『참역학은 이렇게 쉬운 것이다』에서 미처 쓰지 못한 사주를 활용하는 방법을 정리한다는 의미에서 다시 이 책을 내게 되었다. 전문가든 비전문가든 이 책이 사주라는 학문을 이해하는 데 도움이 되고, 사주에 있는 가장 좋은 길을 찾아 행복하게 살았으면 합니다. 특히 사주상담을 업으로 하는 분들도 참고해서 상담자들이 행복하게 살도록 도와주었으면 한다.
신비한 동양철학 104  |  청암 박재현 편저  |  330면  |  23,000원  |  신국판

## 인명용 한자사전
### 한권으로 작명까지 OK
이 책은 인명용 한자의 사전적 쓰임이 본분이지만 그것에 국한하지 않고 작명법들을 그것도 일반적으로 통용되는 기본적인 것 외에 주역을 통한 것 등 77가지를 간추려 놓아 여러 권의 작명책을 군살없이 대신했기에 이 한권의 사용만으로 작명에 관한 모든 것을 충족하고도 남을 것이다. 5,000자가 넘는 인명용 한자를 실었지만 음(音)으로 한 줄에 수십 자, 획수로도 여러 자를 넣어 가능한 부피를 줄이려고 노력하였다. 그리고 작명하는데 한자에 관해서는 다양하게 활용할 수 있도록 하였고, 일반적인 한자자전의 용도까지 충분히 겸비하도록 하였다.
신비한 동양철학 105  |  임삼업 편저  |  336면  |  24,000원  |  신국판

## 바로 내 사주
### 행복한 인생을 만들어 갈 수 있는 방법을 소개하는 책
역학이란 본래 어려운 학문이다. 수십 년을 공부해도 터득하기 어려운 학문이라 많은 사람이 중간에 포기하는 일이 많다. 기존의 당사주 책도 수백 년 동안 그 명맥을 유지해왔으나 적중률이 매우 낮아 일반인들에게 신뢰를 많이 받지 못했다. 그래서 지금까지 30여 년 동안 공부하며 터득한 비법을 토대로 이 책을 내게 되었다.물론 어느 역학책도 백 퍼센트 정확하다고 장담할 수는 없다. 이 책도 백 퍼센트 적중률을 목표로 했으나 적어도 80% 이상은 적중할 것이라고 자부한다.
신비한 동양철학 106  |  김찬동 편저  |  242면  |  20,000원  |  신국판